LA
PERSÉCUTION DES CHRÉTIENS

AU JAPON

ET

L'AMBASSADE JAPONAISE

EN EUROPE

PAR

LÉON PAGÉS

PARIS

TYPOGRAPHIE GEORGES CHAMEROT

19, RUE DES SAINTS-PÈRES, 19

1873

LA
PERSÉCUTION DES CHRÉTIENS

AU JAPON

ET

L'AMBASSADE JAPONAISE

EN EUROPE.

LA

PERSÉCUTION DES CHRÉTIENS

AU JAPON

ET

L'AMBASSADE JAPONAISE

EN EUROPE

PAR

LÉON PAGÉS

***

PARIS

TYPOGRAPHIE GEORGES CHAMEROT
19, RUE DES SAINTS-PÈRES, 19

—

1873

LA
PERSÉCUTION DES CHRÉTIENS
AU JAPON

ET

L'AMBASSADE JAPONAISE
EN EUROPE.

Depuis plus de quarante ans, c'est-à-dire pendant les règnes de Louis-Philippe et du second Napoléon et sous la présidence de M. Thiers, les gouvernements de la France ont méconnu notre vocation nationale et abdiqué le patronat chrétien, que nous avions exercé depuis de longs siècles à Rome, à Jérusalem et dans l'extrême Orient.

Les attentats suprêmes contre le Saint-Siége, conseillés par Napoléon et accomplis par Victor-Emmanuel, ont attiré sur notre pays d'épouvantables désastres.

L'Assemblée nationale constituante, éclairée par nos malheurs, et qui tient dans ses mains le salut de la France, saura réparer, à son heure, tout le mal commis, et redevenir la puissance tutélaire de l'Église.

Mais il est des méfaits qui se peuvent déjà réparer. Et parmi les plus détestables sont l'abandon commis au nom de Napoléon, par M. le marquis de La Valette, du protectorat français dans la Terre-Sainte, de ce protectorat qui avait subsisté sous le Comité de salut public, sous le Directoire et sous le premier Empire; et l'abandon non moins odieux du protectorat catholique dans l'extrême Orient.

Nous adjurons nos députés catholiques de relever le protectorat de la Terre-Sainte, d'autant plus que la trahison présente envers les Arméniens catholiques aggrave chaque jour les fautes et la responsabilité de notre gouvernement.

Mais nous avons surtout en vue dans ces pages d'appeler l'attention de nos députés sur la politique, véritablement déshonorante, pratiquée envers le Japon, à l'occasion de l'échéance du traité de 1858, et en vue d'un traité nouveau. Nous nous réservons de publier bientôt une seconde étude, sur la question chinoise, au sujet du traité chinois qui doit être aussi revisé.

Au Japon comme en Chine, le premier devoir de nos diplomates est la protection de nos missionnaires et le concours sympathique à leur œuvre apostolique.

Notre commerce est relativement de faible importance; et il ne doit s'accroître que si le nom français reconquiert son prestige.

En vue de la protection religieuse, dévolue, avant tout, à nos ministres et à nos consuls de la Chine et du Japon, les gouvernements auraient dû choisir, pour les représenter, des hommes religieux et énergiques.

L'on a préféré systématiquement des hommes indifférents, ou souvent même hostiles à la religion, quelques-uns de mœurs scandaleuses, et qui ont compromis par leurs exemples la nation qu'ils représentaient et la religion à laquelle ils étaient censés appartenir.

Le plus souvent d'ailleurs ces postes éloignés n'étaient

qu'un premier pas dans les hauts emplois : et le titulaire, à peine arrivé, se préoccupait du retour et s'y préparait. De là naissait pour plusieurs une indifférence absolue dans le service, et le désir impérieux de ne point se créer d'affaires.

Mais nous devons laisser la question commune à la Chine et au Japon, et nous limiter à la question purement japonaise et à la liberté religieuse, non-seulement des missionnaires, mais des indigènes, liberté que nous devons revendiquer au nom des droits suprêmes de la religion chrétienne.

Le traité conclu entre les Pays-Bas et le Japon, le 30 janvier 1856, et ratifié à Nangasaki, le 16 octobre 1857, contenait les stipulations suivantes :

« Article additionnel 33. Le libre exercice de leur culte est accordé aux Néerlandais dans l'intérieur des édifices et des cimetières. »

« Article complémentaire 4. L'usage de fouler aux pieds l'image du Christ est aboli à partir de ce jour; mais l'introduction du christianisme et des livres traitant du culte chrétien ou de tout autre culte, ainsi que celle des estampes et images qui y ont rapport, est défendue au Japon. »

Ces stipulations constataient, en le supprimant, l'acte par lequel, depuis deux cents ans, les Néerlandais admis à Desima profanaient l'image de Notre-Seigneur Jésus-Christ.

Cependant la politique hollandaise subissait encore une interdiction déshonorante.

Dans le traité conclu par notre gouvernement avec le gouvernement japonais, le 9 octobre 1858, ratifié le

29 septembre 1859, et publié en France en vertu d'un décret du 21 mars 1860, se trouvent les articles suivants :

« Article 4. Les sujets français au Japon auront le droit d'exercer librement leur religion, et à cet effet ils pourront y élever, dans le terrain destiné à leur résidence, les édifices convenables à leur culte, comme églises, chapelles, cimetières, etc., etc. »

« Le gouvernement japonais a déjà aboli dans l'empire l'usage des pratiques injurieuses au christianisme. »

« Article 20. Il est convenu que chacune des deux hautes parties contractantes pourra, après en avoir prévenu l'autre une année d'avance, à dater du 15 août 1872, ou après cette époque, demander la révision du présent traité, pour y faire les modifications ou y insérer les amendements que l'expérience aurait démontrés nécessaires. »

Ce traité bien insuffisant, et émané d'un diplomate, M. le baron Gros, notoirement indifférent en matière religieuse, garantissait néanmoins aux Français la liberté de leur culte, et leur donnait le droit de construire des églises et des cimetières sur les terrains affectés à leur résidence.

L'article 4 était une extension de la liberté réclamée par les Hollandais, et la reconnaissance de la présence au Japon des missionnaires catholiques.

Le traité pouvait être revisé dès le 15 août 1872.

L'ambassade attendue en France est chargée principalement de préparer cette révision.

En vertu du traité de 1860, les missionnaires catholiques érigèrent plusieurs chapelles à Nangasaki et dans les autres ports.

Cependant, sept années après la signature du traité, c'est-à-dire en 1865, un fait merveilleux et l'un des témoignages les plus éclatants de la divinité de notre religion remplit d'admiration et de joie nos missionnaires. Il existait encore au Japon des chrétiens, épars en un grand nombre de lieux, et qui, après deux siècles et demi d'isolement avec l'Europe et de privation de prêtres, avaient conservé la foi de Jésus-Christ et le sacrement de baptême. Quelques-uns de ces chrétiens, à la vue de la croix dominant la chapelle de Nangasaki, vinrent trouver les missionnaires et se découvrirent à eux. Tous les jours il s'en manifesta de nouveaux, et la bonne nouvelle s'étant communiquée de proche en proche, les missionnaires constatèrent que le nombre de ces fidèles, issus d'une des églises les plus illustres du monde, s'élevait à plus de deux cent mille.

Ce fait extraordinaire, et qui a fait verser des larmes au Vicaire de Jésus-Christ, devait imposer à la France et à la catholicité tout entière le devoir, sans restriction et sans excuse, de protéger ces frères dans la foi, et de revendiquer la liberté la plus absolue en leur faveur.

Les événements politiques survenus bientôt au Japon, et les persécutions religieuses qui leur furent contemporaines, nous mirent en demeure d'accomplir ce grand devoir.

Nous avons la douleur de dire que nos représentants y furent infidèles. Ces diplomates investis de leur emploi sans qu'on se fût préoccupé de leurs sentiments religieux (l'un d'eux, de catholique, s'était fait musulman), devaient sacrifier le protectorat chrétien à des intérêts purement humains.

Peu de temps après la révélation des chrétiens, certains princes des contrées méridionales, jaloux de l'autorité du Chôgoun, et de son intention d'ouvrir au commerce européen les ports de son domaine personnel, à l'exclusion de tous autres, accusèrent le souverain de trahir son pays et de le livrer aux barbares. La tolérance envers les chrétiens fut un des arguments invoqués par les princes.

Le Chôgoun inquiet, et désireux d'affermir son autorité, fit enjoindre aux chrétiens d'abandonner leur foi. Ceux-ci, loin de céder, se préparèrent, par de pieux exercices et par la réception des sacrements, à la persécution imminente.

Dans Ouracami, vallée confinant à Nangasaki, la population était en partie chrétienne. C'étaient des laboureurs et des artisans paisibles, qui respectaient les autorités, et qui vivaient en bonne intelligence avec leurs voisins païens.

Au mois d'avril 1867, le magistrat principal cita tous les chrétiens à son tribunal. « Ces chrétiens, dit le *China Telegraph* du 9 octobre 1867, descendaient des anciennes familles chrétiennes, et avaient pendant trois siècles conservé le dépôt de la foi. Quand ils avaient vu les étrangers jouir en paix de la liberté de conscience, ils avaient sollicité la faveur de professer librement leur culte. » — Le magistrat les fit incarcérer, au nombre de 60 à 70 personnes.

La feuille anglaise ajoute : « Nous ne doutons pas que l'amiral français ne prenne des mesures énergiques, afin d'obtenir leur délivrance, quoique les prisonniers ne soient pas des Français ; *car il est essentiel que le principe de tolérance soit clairement établi.* »

La même feuille (14 octobre 1867) dit encore : « La première démarche doit être un message collectif des puissances ayant des traités, dans lequel on fera bien d'insister, avec une grande modération d'abord, pour la modification des lois existantes, et pour une amnistie au sujet des infractions antérieures. En cas d'insuccès, il sera temps d'aviser à des mesures plus énergiques. »

N'oublions pas ce généreux langage ; car il est celui d'Anglais protestants : combien plus des Français catholiques avaient-ils le devoir d'élever la voix, au nom du Dieu Tout-Puissant, Créateur et Rédempteur de tous les peuples !

Cependant les consuls résidant à Nangasaki formulèrent, d'un commun accord, un message, où ils protestaient contre l'acte barbare commis envers les chrétiens.

Peu de jours après, le général Van Valkenburgh, ministre des États-Unis, étant arrivé à Nangasaki, s'associa très-énergiquement à la démarche des consuls.

Aucun résultat ne fut obtenu de la part des autorités japonaises. Nous constatons avec une émotion douloureuse la défaillance, ou plutôt la connivence de M. Léon Roches, ministre de France. Il était bien naturel qu'il en fût ainsi, car M. Léon Roches, né catholique, avait abjuré la foi de son baptême, et s'était fait musulman à Alger. Plus tard il avait de nouveau fait profession de catholicisme ; mais il affectait en toute occasion de se désintéresser des idées religieuses (1).

---

(1) L'auteur de ce mémoire, consulté par M. Roches sur le choix des livres que ce fonctionnaire voulait emporter au Japon, l'entendit exprimer cette réserve : « Surtout ne m'indiquez aucun livre qui ait rapport à la religion. »

Dans une lettre du 8 août 1867, M. Roches invita le vicaire apostolique, Mgr Petitjean, à conseiller l'apostasie aux prisonniers.

Nous transcrivons ce document (1) :

Yokohama, 8 août 1867.

Monseigneur,

Aussitôt que j'ai eu connaissance des derniers événements survenus à Nangasaki, je suis intervenu immédiatement auprès du gouvernement du Taïcoun, afin de prévenir les conséquences déplorables qui pourraient en résulter.

Je dois confesser en toute vérité que j'ai trouvé chez les officiers du *Gorodgio* (conseil suprême) de tels sentiments de modération et de tolérance que j'en ai été surpris ; et, pendant la durée de nos conférences, je n'ai pas aperçu pour un seul instant le moindre indice de fanatisme religieux de leur part. Il n'était donc pas difficile d'obtenir, non-seulement la libération immédiate des chrétiens prisonniers et la restitution de toute leur propriété confisquée, mais encore le pardon absolu du passé. Des ordres ayant pour objet de mettre ces promesses à exécution doivent bientôt parvenir à Nangasaki, et je suis sûr qu'ils seront exécutés ponctuellement.

En voyant le témoignage si formel de bonne volonté qu'a donné, dans cette occasion, le gouvernement japonais, je ne saurais trop vous rappeler, Monseigneur, tous les avertissements verbaux que j'ai eu l'honneur de vous adresser, sur une question de cette importance.

Personne plus que moi n'a admiré la constance de cette foi catholique qui, persévérant encore après deux siècles, vous a fait trouver des coreligionnaires dans cette contrée même où cette foi avait subi de si rigoureuses épreuves ; mais la teneur des traités, les engagements exprès de la France, les intérêts même de votre mission pour l'avenir, nous imposent l'obligation de modérer un zèle, par lequel seraient mis en péril les résultats mêmes que nous désirons si vivement atteindre.

Ce n'est point, en effet, au moment où le Taïcoun est en butte à de sérieuses difficultés, lesquelles ont avant tout pour origine sa fidélité à remplir les promesses qu'il nous a faites, qu'il serait à propos de

____

(1) Nous devons faire observer que nous retraduisons cette lettre et les suivantes d'après le *Catholic telegraph* de Cincinnati (États-Unis) du 31 août 1871. Supplément. — Nous empruntons à cette excellente feuille d'autres éléments de grande importance.

trancher définitivement une question à laquelle les Japonais ratta-
chent à présent encore le souvenir d'une époque de troubles et de
révolutions. Les daïmios contraires à l'autorité du Taïcoun ne man-
queraient pas de se prévaloir de ce fait pour battre plus sûrement
en brèche son autorité, et peut-être verrions-nous éclater la guerre
civile que nous avons à cœur de prévenir. *A l'époque de la révision
des traités, au contraire, la question peut être résolue comme d'elle-
même, parce que le Taïcoun, étant affranchi de toutes préoccupations
politiques, sera sans doute en mesure de s'appliquer directement
à sa solution, sans appréhender, comme à cette heure, les compli-
cations qui sont évidemment à prévoir.*

Mais je sais que je n'ai pas besoin d'insister davantage sur ce sujet,
car je connais tout ce qu'on peut attendre de votre modération, de
votre intelligence et de votre désir d'assurer le triomphe de votre
croyance.

*En conséquence, je ne doute pas que vous n'employiez votre grande
et bienfaisante influence sur tous les chrétiens indigènes, afin de les
décider à reconnaître, par l'acceptation de quelques formalités exté-
rieures qui ne portent aucune atteinte à leur foi, les égards avec lesquels
les autorités japonaises respectent leur liberté de conscience. J'écris
dans ce sens à mon gouvernement.*

M. Léon Roches, appréhendant que sa communication
n'eût pas d'effet, adressa, dans le courant de septembre,
une dépêche officielle et d'un caractère comminatoire,
au vicaire apostolique, imposant ainsi aux ministres de
Jésus-Christ des restrictions à leur ministère, en viola-
tion des traités.

Dépêche officielle de M. Léon Roches, ministre de
France, à Mgr Petitjean, vicaire apostolique du Japon :

Septembre 1867.

Monseigneur,

Le gouvernement de Sa Majesté le Taïcoun a consenti, sur ma demande, à relâcher les Japonais qui avaient été arrêtés à Nangasaki,
pour avoir violé les lois du pays, en professant publiquement *une religion non comprise dans les huit sectes autorisées par ces lois.*

Ces *malheureux*, par leur fait, auraient encouru la peine capitale,
si le gouvernement japonais, mû par un sentiment d'humanité, n'avait

éludé la rigueur des lois qui font de leur offense un crime capital, *bien que ces lois soient encore en vigueur*. Ce qui constate plus positivement la bonne foi du gouvernement du Taïcoun, c'est qu'il consent à mettre ses sujets en liberté sans leur imposer la formule de pardon requise en pareille circonstance, *et qui peut avoir l'apparence d'une abjuration*. Toutefois ce pardon, octroyé sans conditions à des personnes *coupables d'après les lois du Japon*, est un fait sans précédent. Mais je dois ajouter que, si le Taïcoun pardonne le passé, *il entend que, dans l'avenir, les Japonais respecteront les lois de l'empire. J'espère donc, Monseigneur, qu'en ce qui regarde votre mission catholique, vous éviterez tout acte qui pourrait avoir pour but d'encourager les sujets japonais qui professent la religion chrétienne, dans la voie de la résistance où ils sont entrés à l'égard des autorités auxquelles ils sont soumis, d'après les lois du Japon.*

Cette résistance, Monseigneur, serait sans aucun doute l'objet d'une répression sévère, que l'état présent des affaires du Japon me mettrait dans l'impossibilité de modérer: *et vous, ministre de paix et de mansuétude, vous assumeriez la responsabilité des troubles et des rigueurs qui en seraient le résultat inévitable.*

Notons en passant la leçon inqualifiable donnée à cet évêque, investi d'une autorité qui relève de Dieu seul; et continuons le triste récit des défaillances diplomatiques, et des persécutions qui les suivirent.

M. Roches écrivit encore au vicaire apostolique la lettre suivante:

Monseigneur,

Vous recevrez aujourd'hui la lettre officielle dont j'ai transmis la copie authentique au gouvernement japonais. C'est seulement sur la remise de ce document que le gouvernement japonais a consenti à mettre en liberté les prisonniers, sans leur imposer aucun acte qui puisse être considéré comme une abjuration.

Je dois ajouter que ce n'est pas sans de très-grandes difficultés que je suis arrivé à cette solution. Les Daïmios qui, nous l'avait-on dit, étaient peu favorables à l'extension du christianisme, et qui étaient parfaitement bien informés de tout ce qui se passait à Nangasaki, ont tous adressé des protestations au Taïcoun contre un tel état de choses. Ils ont exprimé l'opinion qu'il était à supposer que le gouvernement du Taïcoun y avait donné son assentiment tacite, et ont ajouté qu'ils étaient résolus à recourir aux moyens les plus énergiques, afin de faire respecter les lois fondamentales du Japon; ils ont déclaré qu'ils avaient donné les ordres les plus positifs *pour faire décapiter tout prêtre européen*, ou tout Japonais chrétien qui oserait pénétrer sur leur territoire.

Ces lettres des Daïmios ne sont, en aucune façon, un argument inventé par le gouvernement japonais pour couvrir la nécessité présente. Je les ai lues et j'ai été à même de vérifier leur authenticité (1).

Vous comprendrez sans peine, Monseigneur, combien difficile est la position du Taïconn, lequel est chargé par le Micado d'assurer l'exécution des lois de l'empire. Ce jeune prince est dirigé par les intentions les plus libérales; il comprend que le jour n'est pas éloigné, où les lois de la tolérance religieuse remplaceront les lois du fanatisme barbare qui sont encore en vigueur. Mais, d'un autre côté, il connaît trop bien sa nation et l'esprit de l'aristocratie indigène pour compromettre l'avenir par une mesure prématurée et irréalisable.

Telle est donc la situation, Monseigneur. Et la clémence du souverain, lequel n'est pas suffisamment fort pour dominer le fanatisme des Daïmios, n'est-elle pas une *garantie solide pour l'avenir? Ne devons-nous pas lui être reconnaissants d'une décision sans précédent dans les annales du Japon, et éviter d'apporter de nouvelles difficultés sur la voie déjà pleine d'obstacles où il s'est engagé avec tant de résolution?*

Une année et dix années sont des délais à peine appréciables dans l'accomplissement des desseins de Dieu (2). Vous le savez mieux que nous, Monseigneur : que l'on ne puisse donc pas supposer que vous êtes disposé à compromettre les œuvres de votre successeur par le désir, d'ailleurs très-généreux, de les mener à fin vous-même !

Une grande abnégation vous est imposée, à la vérité, mais vous ferez ce sacrifice; car, je le dis dans la sincérité de mon cœur, vous possédez toutes les vertus de l'apostolat (3).

Je vous prie de suspendre toute action, Monseigneur; je transmets par cette malle au gouvernement de l'Empereur tous les documents et informations qui peuvent l'éclairer sur cette importante question.

(1) M. Roche ne savait pas le japonais, et ne parlait ici que sur la foi d'un interprète.

(2) Cette sentence de couleur orientale et fataliste est peut-être empruntée au Coran; elle est mal venue pour servir d'appoint à la défense des persécuteurs.

(3) On croit rêver en lisant ces leçons données à un évêque !

Attendons sa décision. Elle sera sans doute de nature à satisfaire à toutes les exigences de la religion et de la politique.

M. Roches écrivait en même temps à l'agent consulaire de France à Nangasaki :

Monsieur,

J'ai l'honneur de vous transmettre copie de la lettre que j'adresse à Mgr Petitjean, vicaire apostolique du Japon.

Après que j'ai obtenu la délivrance sans condition de tous les Japonais emprisonnés sur l'accusation d'avoir violé les lois du pays en professant la religion chrétienne, vous avertirez Monseigneur, en mon nom, qu'il doit désormais éviter tout ce qui pourrait encourager les sujets japonais à enfreindre ou à braver les lois de leur pays.

Ainsi, nul prêtre de la mission catholique ne doit à l'avenir se rendre à Ouracami, ou ailleurs, dans un but de propagande religieuse : en effet, pendant l'agitation très-vive qui règne en ce moment dans le sud du Japon, la présence d'un missionnaire catholique au milieu des populations indigènes serait la cause d'incalculables malheurs, tandis qu'une saine politique et *le véritable intérêt de notre religion* nous conseillent de tout faire pour l'éviter.

Vous voudrez donc bien aider, en ce qui dépend de vous, à *l'exécution de la lettre et de l'esprit de mes instructions.*

Léon Roches.

Mgr le vicaire apostolique ne pouvait laisser sans réponse les dépêches de M. Roches :

Monsieur le Ministre,

Permettez-moi de vous exprimer l'impression pénible qu'a produite dans mon esprit la lecture des différents documents que vous avez bien voulu me transmettre. A l'exemple de tous les persécuteurs, nos ennemis se sont efforcés de noircir nos chrétiens, en les représentant comme rebelles aux lois de leur pays, et nous, missionnaires, comme les instigateurs de cette rébellion.

Ici, Monsieur le Ministre, je fais appel à votre propre expérience et à vos sentiments chrétiens. Peut-on dire avec vérité que les Japonais qui professent la religion chrétienne ont enfreint aucune loi de leur pays? En effet un édit de proscription peut-il être qualifié de loi? Que le gouvernement japonais qui, pendant trois cents ans, a persécuté les chrétiens avec une barbarie sans égale, se propose de mettre en vigueur une loi de cette nature, je le comprends sans peine ; mais je sais également que le représentant de notre catholique France ne laissera jamais passer cette prétention, sans la stigmatiser au moins de sa puissante parole.

C'est seulement parce qu'elles ne croient pas à cette intervention que les autorités japonaises ont osé mettre en avant contre leurs administrés chrétiens, et contre nous-mêmes, des accusations que je n'ose point qualifier de leur vrai nom, mais contre lesquelles, par devoir de conscience, je me sens obligé de protester au nom de nos chrétiens et de nos missionnaires, et en mon propre nom, et contre lesquelles je prie avec confiance Votre Excellence de vouloir bien protester avec nous.

Votre Excellence daignera me permettre de rappeler à son souvenir quelques faits, qu'assurément Elle n'a point oublié, malgré tous les efforts de nos ennemis pour nous discréditer à ses yeux et dans l'opinion publique.

En raison de votre titre, depuis le premier jour où nous avons découvert des chrétiens, jusqu'au moment présent, nous avons regardé comme un devoir de confier à Votre Excellence des faits que nous laissions ignorer à tout le monde. Le Père Girard et moi, nous vous avons communiqué toutes choses, verbalement et par lettres, tout absolument, même la question des funérailles, la véritable cause de la persécution (1).

Depuis le commencement d'avril de cette année, cette question des funérailles, résolue dans le sens catholique, c'est-à-dire d'après les lois de Dieu et de son Église, nous a occasionné de nombreux embarras de la part des autorités locales, et, dès cette époque, nous avons commencé à craindre un coup semblable à celui du 15 juillet.

Lors de notre visite à Nangasaki, nous vous avons fait part du motif de nos craintes. Pour nous rassurer, Votre Excellence nous a parlé des idées libérales du Taïcoun, et a fait très-gracieusement à plusieurs jeunes gens chrétiens les mêmes promesses qu'Elle nous avait déjà faites à plusieurs reprises, et depuis une date ancienne, à savoir de la liberté religieuse, ou au moins de la tolérance.

Ceci se passait au mois de juin. Le 15 juillet, la persécution, qui se préparait depuis le mois d'avril, éclata. Nous fournîmes sans retard à Votre Excellence des informations, ainsi qu'auparavant, avec la même confiance, la même sincérité, la même loyauté. Le gouvernement japonais produisit alors son récit, et les mêmes chrétiens, que vous aviez honorés du titre de frères, furent représentés à Votre Excellence comme des misérables, qui pouvaient légalement être mis à mort,

____

(1) Les chrétiens refusaient de salarier les bonzes afin que ceux-ci officiassent aux funérailles.

— 14 —

tandis qu'ils n'étaient coupables d'aucun autre crime que d'avoir adhéré à la religion de la France. Et les hommes apostoliques, qui sont la gloire de la France, sont rendus responsables du sang que l'on pourra verser !

En vérité, Monsieur le Ministre, si le sang chrétien ruisselle de nouveau dans le Japon, nous n'aurons pas à en rendre compte à Dieu : mais ce seront les persécuteurs qui en devront compte, et nous les dénonçons à votre justice.

Quant aux recommandations que Votre Excellence a cru devoir nous adresser, nous lui demandons la permission de répondre, avec la sincérité que vos sentiments chrétiens nous inspirent, que nous ne saurions les accepter. Que Votre Excellence soit sans inquiétude ! Sous la protection et avec le secours de Dieu, nous accomplirons son œuvre sainte comme auparavant, avec la prudence que Votre Excellence daignait admirer et approuver, depuis l'origine, jusqu'à ces derniers jours.

† Bernard Petitjean.

Yocohama, 12 octobre 1867.

« J'ignore, » dit le journaliste américain que nous avons cité, « quels pouvoirs la France confère à ses représentants ; mais je suis convaincu qu'elle ne les a jamais chargés de s'opposer à l'œuvre des missionnaires, et moins encore de modifier à leur préjudice les termes des traités. Nous catholiques, nous croyons que les hommes apostoliques ont reçu de Dieu leur mission, et qu'en conséquence ils n'ont point d'ordres à recevoir des hommes, et qu'ils n'ont à rendre aucuns comptes, même aux plénipotentiaires. Il est étrange de voir le représentant d'une grande nation catholique imposer aux missionnaires, ses compatriotes, des restrictions contraires à la conscience, et non insérées dans les traités. »

Il n'est pas moins étrange que M. Roches ait eu l'approbation de lord Clarendon, ainsi que nous le verrons.

C'est en effet un signe caractéristique de la politique nouvelle, adoptée par l'Angleterre dans l'extrême Orient, que l'approbation donnée par lord Clarendon aux dépêches émanées de M. Roches.

Les événements qui suivirent démontrèrent l'inanité
des promesses du gouvernement japonais, vis-à-vis
M. Roches, et la valeur du pardon sans conditions dont
M. Roches avait paru si fier. L'officier japonais envoyé à
Nangasaki pour terminer l'affaire fit avant tout mettre
à la torture les infortunés prisonniers, et déclara ne vouloir en relâcher aucun, s'il n'accomplissait un acte d'a-
postasie.

Cette condescendance, avait dit M. Roches, devait
affermir le pouvoir du Chôgoun.

Cependant ni l'apostasie de quelques-uns, ni l'immolation de nombreux martyrs, ne devaient sauver la dynas-
tie des Chôgouns.

Le 29 janvier 1868, une révolution suscitée par les
princes de Satsouma, de Nangato et de Tosa, renversa
le Chôgoun, et rendit au Micado l'autorité suprême.

Le nouveau gouvernement n'osa pas désavouer les
traités existants, et il en garantit le maintien.

Mais, dans le même temps, il fomentait la haine envers
les étrangers.

L'attentat commis à Ozacca, le 10 mars, sur les personnes d'un officier et de dix-huit matelots du *Dupleix*,
fut le résultat de cette politique.

Le corps de l'officier fut littéralement mis en pièces.
Sa langue, ses doigts et ses oreilles furent déchi-
quetés.

Bientôt deux édits impériaux, rendus en avril et en
juin 1868, proscrivirent de nouveau la religion de
Jésus-Christ, promirent un salaire aux délateurs, et pro-
noncèrent de rigoureux châtiments contre les chrétiens.

« Nous empruntons, » dit l'*Univers*, « le texte des

décrets à la *Gazette du Japon* du 24 août 1868. Le premier, daté du mois d'avril, sert de préambule au second, daté du mois de juin. Ce dernier précéda de peu de jours l'arrestation de 3,000 chrétiens d'Ouracami : »

DÉCRETS IMPÉRIAUX CONTRE LE CHRISTIANISME.

N° 1. — (Du sixième numéro du *Taiseicouan nichi.*)

Comme l'abominable religion des chrétiens est sévèrement prohibée, chacun sera obligé de dénoncer aux autorités compétentes toutes les personnes qui lui paraîtront suspectes ; une récompense lui sera accordée pour ce fait.

TAISEICOUAN.

Quatrième année Keio, troisième mois.
(Du 24 mars au 22 avril 1868.)

Cet édit fut affiché aux portes mêmes de Yocohama, village situé sur la baie d'Yedo, et qui était la résidence des ministres étrangers.

Les ministres européens protestèrent inutilement.
Au mois de juin parut le second décret :

N° 2. — (Du numéro 8 du *Hibi Chimboun.*)

Décret du dix-huitième jour du cinquième mois intercalaire (8 juin).

Quoique la secte des chrétiens ait été, il y a déjà plusieurs siècles, très-rigoureusement persécutée par le gouvernement de Bankfou, elle n'a pas été totalement exterminée. C'est pourquoi, le nombre des disciples de la doctrine chrétienne ayant récemment pris un accroissement considérable dans le village d'Ouracami, près de Nangasaki, village dont les habitants y adhèrent secrètement, après mûre considération il a été ordonné par la plus haute autorité, que les chrétiens seraient mis en prison, conformément aux règles tracées dans le document ci-annexé.

ANNEXE.

Comme la doctrine chrétienne a été prohibée dans ce pays, depuis les temps les plus anciens, cette matière ne doit pas être traitée à la légère. Ceux donc à qui la garde des chrétiens sera confiée devront les instruire de ce qui est bien, avec douceur et humanité ; ils devront faire tous leurs efforts pour les ramener dans la bonne voie. Mais si quelques-uns de ceux-ci refusent de se repentir et de reconnaître leurs erreurs, ils devront être punis très-sévèrement et traités sans merci. Que ceux-là le mettent bien dans leur esprit, que cette affaire concerne, et qu'on dénonce aux autorités compétentes quiconque sera trouvé incorrigible.

Ces hommes (les chrétiens) ne doivent avoir aucune communication avec les habitants des lieux où ils auront été enfermés, tant qu'ils ne se seront pas repentis.

On devra les employer aux travaux d'assainissement, ou à ceux des carrières et des mines d'or ou de charbon, enfin à tous ceux que les gardiens jugeront convenable de leur imposer.

Ils devront vivre dans les montagnes et dans les forêts.

Une portion de riz devra être allouée par tête aux Daïmios respectifs, pendant l'espace de trois ans, à partir du jour qui sera ultérieurement déterminé.

On devra conduire ces individus par petits détachements aux lieux ci-après mentionnés. Les Daïmios devront, aussitôt qu'ils auront été informés du nombre de personnes qui leur seront attribuées, envoyer des soldats pour les recevoir.

Les ordres rigoureux ci-dessus seront publiés et devront être observés.

Les Daïmios suivants recevront les chrétiens qui leur sont attribués à leurs palais respectifs dans Osacca.

	Personnes
Yanaghisawa cai no Cami	100
Todo Idsoumi no Cami	150
Tocongawa Motocho (Owari)	250
I Camon no Cami	140
Toda Ouneme no cho	80
Sacai Wacasa no Cami	80
Mats' daira Etchigen no Cami	150
Awoyama Sakio Tayou	50
Mats' daira Dsoucho no Cami	50
Hondjo Hoki no Cami	50
Kii Tsonnagon	250
Ocawadsi Bioboutaiou	50
Maieda Saicho (Caga)	250

Pour être menés à Ahomidji (dans le Bingo) :

Ikeda Inabano Cami	150
Mats' daira Dewa no Cami	150
Kame Oki no Cami	30
Ikeda Bigen no Cami	150
Asano Aki no Cami	150

A Tomo (dans le Bingo) :

Mats' daira Micawa no Cami	80
Abé Cadzouyé no Cami	80

A Marouyama (dans le Sanouki) :

Personnes.

Hatchousca Awa no Cami,.............. 130
Mats' daira Sanouki no Cami.......... 100

A Mits Hama (dans le Igo) :

Date Totomi no Cami................. 80
Yamayoutchi Tosa no Cami............ 130

A Tsourousaki (dans le Boungo) :

Nacagawa Chouri no Tayou........... 50
Naito Bingo no Cami................ 50

A Simonoseki :

Mori Daizen no Daibou.............. 150

A Nacatz' (dans le Bougen) :

Ocoudaira Daizen no Daibou.......... 80

A Cocoura (dans le Bougen) :

Ogasawara Toyochi Omarou........... 80

A Tsicougen :

Couroda Mino no Cami.............. 150

A Tsicougo :

Arima Nacads'casa Tayou... 130
Tadsibana Hida no Cami............. 80

A Cagosima :

Chimadz' Chouri no Tayou........... 250

A Tacabachi (dans le Higo) :

Hosocawa Etchou no Cami........... 150

En tout 34 Daïmios et 4,100 personnes.

En conformité de ce plan, dès le mois de juin, à Haco-
date, sommation fut faite aux chrétiens d'avoir à apos-

tasier dans le délai de trois ans, sous peine de la mort, après ce délai.

En juillet, cent trente chrétiens d'Ouracami et de Nangasaki furent enlevés et dirigés vers une destination inconnue.

En août, le gouverneur de Nangasaki résolut d'exiger une apostasie générale, et, une enquête fut ouverte. Plusieurs malheureux apostasièrent. Les chrétiens fidèles furent incarcérés et soumis à la torture.

Les ministres européens essayèrent quelques représentations timides, qui furent déjouées par la duplicité japonaise.

La persécution s'étendit au district d'Omoura et à toute la province de Figen, ainsi qu'aux îles de Goto. Le nombre des prisonniers s'éleva bientôt à 400 ou 500.

Ces chrétiens étaient mis à la torture. Un grand nombre ne reçurent qu'une portion minime d'aliments, et moururent de faim lente. A Omoura, sur 123 prisonniers, 45 succombèrent en dix-huit mois.

M. Roches était rentré en France. Son successeur, M. Outrey, moins étranger aux questions religieuses, mais obéissant à une impulsion politique antichrétienne, laissa les chrétiens dans les prisons et le vicaire apostolique sans appui.

Le nouveau ministre écrivit à son gouvernement qu'on avait découvert dans l'archipel de Goto un nouveau centre de chrétiens, et qu'un grand nombre d'entre eux avaient été saisis et soumis à la torture; que lui-même avait résolu, d'accord avec ses collègues, d'intervenir *en évitant de discuter les lois japonaises*, pour réclamer en faveur des chrétiens *l'observation des principes d'humanité qui régissent les pays civilisés;* mais que le gouvernement japonais avait pris l'initiative d'une démarche ayant pour but de rassurer les ministres étrangers.....

Le prince Owasima, premier ministre pour les affaires étrangères, vint à Yocohama dans le mois de décembre, et fit connaître à M. Outrey que, si les circonstances politiques avaient obligé de surseoir à répondre à la réclamation des ministres, datée de mai précédent, le gouvernement était disposé à rédiger un document officiel pleinement satisfaisant.

M. Outrey répondit que les nations européennes ne pouvaient être indifférentes à des mesures odieuses, et qui blessaient les sentiments religieux de sa nation.

Le prince Owasima réitéra ses promesses, mais ne transmit, le 11 janvier, qu'une réponse insignifiante.

M. Outrey déclara néanmoins, dans sa correspondance, qu'il espérait avoir *gagné du terrain*. Sa démonstration à cet égard n'est rien moins que concluante (1).

M. Outrey transcrit avec sa dépêche le document signé de Chigachi-Couzé (2). On avait, disait-on, confondu par erreur, dans une expression commune, la religion chrétienne et les *Dgia tchin* (ou fausses doctrines). On avait donc corrigé le texte, et distingué les deux dénominations. Mais la religion chrétienne, aux yeux du peuple, paraissait encore entachée d'erreur, et l'on ne pouvait l'autoriser avant que le peuple ne fût éclairé. Néanmoins, après délibération en conseil, le gouvernement avait décidé que l'on ne maintiendrait pas les lois rigoureuses, et que l'on appliquerait les mesures d'indulgence.

M. Outrey, dans une dépêche datée du 11 février, déclara que le document japonais lui paraissait illusoire.

Il était bien naturel d'espérer que le ministre de

____

(1) *Livre jaune* de 1869, p. 182.
(2) Un des membres de l'ambassade de 1873.

France, ainsi que ses collègues, allaient déployer plus d'énergie.

Mais M. Outrey lui-même va nous raconter bien des défaillances :

« Mes collègues et moi avons voulu tenir compte de cette situation, et nous nous sommes bornés à prendre acte du bon vouloir manifesté par le gouvernement, sans chercher à exercer sur lui une pression pour le retrait des lois considérées jusqu'à présent comme fondamentales.

« Le but principal de nos efforts doit être aujourd'hui de faire cesser les persécutions, sans nous préoccuper des moyens qui furent employés.... »

Nous sommes donc bien loin des promesses japonaises, et des illusions primitives de M. Outrey.

M. Outrey termine sa dépêche par cette insinuation, que les rigueurs exercées à Goto ont été provoquées, *peut-être,* par des raisons étrangères à la religion.

Et, dans sa dépêche au ministre japonais (annexée à la sienne propre), M. Outrey prend acte de ce que le gouvernement japonais veut se guider, d'après *les idées de progrès du siècle.* Il loue les Japonais de leurs sentiments humains et libéraux.

Cependant, et malgré ses illusions nouvelles, M. Outrey continue le récit des barbaries japonaises :

« Il paraîtrait, dit-il, que dans les îles de Goto, un grand nombre de personnes, parmi lesquelles se trouvaient des femmes et des enfants, avaient été arrêtées et soumises à la torture, ou à de dures privations, pour avoir professé la foi chrétienne. »

« Il est vrai, » dit-il encore, « que d'après les promesses faites par le premier ministre le 27 janvier précédent, Yamagoutchi Hanjo vient d'être chargé d'une enquête, » et il en espère de bons résultats. Il conclut par ces incroyables paroles :

« Je crois pouvoir assurer Votre Excellence que si, mettant en pra-

tique la politique douce et éclairée dans laquelle il est entré, le gou-
vernement japonais rendait à leurs foyers les chrétiens déportés, cette
mesure serait considérée par mon gouvernement comme une nouvelle
preuve d'égards, etc. »

Pendant ce temps, le 13 mars, M. le marquis de la Valette, ministre des affaires étrangères de France, écrivait à M. Outrey pour le féliciter de l'attitude du gouvernement japonais.

M. Outrey se voyait obligé de lui répondre, le 14 mars, que la question des chrétiens ne marchait pas d'une façon aussi satisfaisante qu'on aurait pu l'espérer, et que les autorités indigènes plaidaient le motif de rébellion, tout en se déclarant pleines de bienveillance à l'égard des simples chrétiens.....

Il ajoutait :

« En présence d'une négation aussi absolue des faits, nous pensons qu'il y a opportunité à mettre sous les yeux des ministres japonais les détails circonstanciés qui nous sont parvenus, et de demander des explications plus catégoriques. Mais je ne saurais trop le répéter, M. le marquis, *la question des chrétiens au Japon est extrêmement délicate, et nous devons mettre une grande circonspection dans nos démarches.* Je demande donc a Votre Excellence de me permettre d'agir lentement et avec beaucoup de ménagements. »

Le gouvernement impérial, représenté par M. de la Valette, ne portait pas à la question religieuse un assez vif intérêt pour ne pas accorder l'autorisation demandée.

Pendant que M. Outrey, témoin oculaire, et M. de la Valette, indifférent par avance, écrivaient ces dépêches, les confesseurs de la foi languissaient dans les prisons ou dans les mines, et mouraient en grand nombre.

En effet la persécution n'avait pas cessé pendant un

seul jour, et avait pris, au contraire, une intensité plus grande.

Mais, avant de poursuivre un récit trop douloureux, donnons un moment d'attention à une question financière infiniment grave, et qui s'est trouvée mêlée aux négociations. On y verra cet abandon des intérêts de la France, si fréquent dans l'histoire des deux derniers règnes et du régime qui les a suivis. Dans le cas actuel, l'action du gouvernement français devait compromettre, avec nos intérêts, le moyen assuré d'obtenir justice en faveur des chrétiens.

Le 9 mai 1869, M. Outrey venait de recevoir le troisième payement de l'indemnité stipulée après l'expédition de Chimonoséki en 1864, à savoir 50 mille piastres.

Dans sa dépêche du 10 mai, notre agent déclare qu'au commencement de 1867, le gouvernement du Taïcoun n'avait payé que 1,500 mille piastres sur 3 millions, et qu'il s'était engagé à compléter, dans l'intervalle de deux ans, les versements en retard. Le délai devait donc expirer le 15 mars suivant. M. Outrey propose à son gouvernement d'accorder un nouveau délai.

Le 5 juin, il écrit pour proposer un délai de trois ans, ainsi que la remise des intérêts antérieurs, et de ceux qui deviendraient exigibles en 1872. Il conclut sa missive par un éloge excessif du gouvernement japonais, qui, jusqu'à ce jour, avait rempli fidèlement tous ses engagements envers la France.

Notre ministre oubliait alors tous les manques de foi dans la question religieuse, et ces persécutions abominables dont lui-même avait déroulé la trame.

Les Japonais offraient, en compensation des délais sollicités, un retard à l'augmentation des droits sur la soie et sur le thé.

Ainsi l'on faisait valoir, comme une concession effective, le retard d'une aggravation d'exigences. Telle était en effet la portée de l'offre, et, après la concession faite, tels ont été *les fruits de notre politique*, si féconde en illusions commerciales, et si rabaissée par ses défaillances religieuses et politiques.

Tout naturellement, le ministre des affaires étrangères de France approuva la proposition. Il avait consulté son collègue de Londres, et, par une inadvertance incroyable, il qualifia dans sa réponse le *retard d'aggravation* par *diminution de droits*. Il exprima donc le désir que la *diminution* devînt permanente, ou, en d'autres termes, que l'on renonçât à l'aggravation.

Les États-Unis et les Pays-Bas voulurent bien adhérer à ces arrangements. Il est vrai que ces deux États, ainsi que l'Angleterre, n'avaient rien à voir avec notre indemnité, et qu'ils ratifiaient sans effort l'abandon d'un droit purement français.

La persécution continuait donc : et le ministre Iwacoura, chef de la présente ambassade en France, y prenait une part considérable Nous en verrons bientôt le témoignage, émané de lui-même.

Au mois de novembre, cent chrétiens furent enlevés de l'île de Firando. On les plongea dans l'eau glacée pour les déterminer à apostasier. La plupart demeurèrent fermes dans la foi.

D'octobre 1869 à janvier 1870, près de 4,500 chrétiens furent enlevés d'Ouracami et des îles de Goto. Un certain nombre de femmes, qui se trouvaient parmi ces victimes, furent dépouillées nues.

Le gouverneur de Nangasaki, mis en demeure de se justifier par les vives réclamations des ministres européens, répondit qu'il obéissait à des ordres venus d'Yédo.

Des vapeurs furent chargés de prisonniers, et, comme pour donner un démenti solennel au message du conseil d'Etat, *toutes les familles furent divisées, les hommes transportés isolément; les femmes et les filles vendues pour l'esclavage et le déshonneur; et le produit de cette vente fut destiné au payement des indemnités dues aux Européens.*

Les enfants qui ne pouvaient suivre étaient foulés aux pieds jusqu'à la mort (trampled] to death); *leurs parents n'avaient pas la faculté de les relever et de les emporter.* (China Telegraph, 4 août 1870.)

Les prisonniers recevaient à peine le quart de l'aliment nécessaire.

La vallée d'Ouracami fut changée en désert.

Les ministres européens reçurent alors d'Yédo l'avis dérisoire que le gouverneur de Nangasaki *avait agi sans ordre.*

Le 2 janvier 1870, les consuls des puissances rédigèrent la protestation suivante, qui fut adressée au gouverneur de Nangasaki :

Nous, les consuls, etc., nous avons l'honneur de nous adresser à vous au sujet des chrétiens indigènes existant à Nangasaki.

Il nous a été rapporté que 700 de ces chrétiens sont sur le point d'être embarqués de force à bord de deux vapeurs et exilés dans une région éloignée du Japon, étant ainsi violemment séparés de leurs familles, et ce pour l'unique motif que ces individus sont chrétiens. Nous ne vous adressons pas cette lettre avec la moindre pensée d'intervenir dans votre juridiction sur votre peuple, mais simplement au nom de l'humanité; nous vous demandons de n'adopter aucune mesure de persécution envers la population d'Ouracami par le seul motif de la religion, et nous vous affirmons que ces mesures inhumaines seront considérées avec indignation par le monde civilisé.

Signé : Tous les consuls.

Les ministres européens avaient protesté d'un commun

accord ; mais nous devons signaler spécialement les efforts de M. de Long, représentant des États-Unis. Ce diplomate insista dans ses dépêches sur ce fait, que les Japonais chrétiens n'étaient persécutés qu'en raison de leur croyance, et sur cet autre fait, que *tous les étrangers en général étaient l'objet de procédés hostiles de la part du gouvernement*. Les puissances chrétiennes auraient à apprécier, d'après ces deux faits, les dispositions réelles du gouvernement japonais.

M. Outrey, dans sa dépêche du 17 janvier 1870, constata que les habitants d'Ouracami, de l'aveu des autorités mêmes, s'étaient toujours comportés en sujets fidèles, et que la mésintelligence locale, donnée pour prétexte à leur exil, était une accusation toute nouvelle et de tous points mensongère.

Il se fit à cette époque un échange incessant de lettres, urgentes de la part des ministres européens, frauduleuses de la part des conseillers d'État japonais.

Le trentième jour du onzième mois (1ᵉʳ janvier 1870), Sawa Jousaunei Kiyowara Nobou Yoski et Terachima Youskii Fiyiwara Mounenori, ministres des affaires étrangères, répondirent à une dépêche de M. de Long, écrite six mois auparavant, qu'ils avaient fait une enquête au sujet des mauvais traitements attribués aux officiers de l'île Goto, vis-à-vis des chrétiens leurs prisonniers ; que rien n'avait paru prouvé, mais que d'autres officiers recommenceraient l'enquête.

Il se trouvait à l'origine, disaient les deux fonctionnaires, mille chrétiens dans ces îles. 335 avaient été reconvertis à la religion nationale, après avoir reçu des leçons réitérées, et avoir été mis à la raison (*disciplined*) ; 593 étaient demeurés en prison où l'on continuait à les avertir ; 140 s'étaient échappés. Sur l'avis que quelques-uns avaient conspiré contre les autorités, on les avait traduits en jugement. Ceux qui n'avaient pas confessé leur crime avaient été soumis à la question ordinaire, mais ils n'avaient pas été battus avec des verges de fer, et l'on n'avait pas introduit de charbon dans leur bouche, ainsi que l'affirmait la lettre de M. de Long. Ils étaient enfermés seulement la nuit, et le jour ils travaillaient sur leurs propres fermes. Parmi le grand nombre, quelques-uns étaient morts naturellement, et non par l'effet des mauvais traitements. Défense avait été faite, pour l'avenir, de maltraiter les chrétiens. Enfin tout portait à croire que les cruautés alléguées n'étaient qu'un vain bruit.

Les mêmes écrivaient (Tokei, le 6 du 12ᵉ mois, 2ᵉ année Meije, 7 janvier) :

Les chrétiens indigènes d'Ouracami ont été, l'année dernière, distribués parmi les différents princes, en vertu de leur condamnation au travail forcé. Il résulte d'une enquête qu'il s'en trouve encore ici un certain nombre, dont en raison des circonstances nous n'avons pu disposer.

La tranquillité publique étant rétablie, nous allons les envoyer aux différents princes. Si nous les laissions dans leur pays, les mauvaises dispositions dont ils sont l'objet causeraient des difficultés entre eux et leurs voisins, et rendraient difficile le gouvernement de la contrée. Mais, malgré tous les bruits qui ont couru, ils n'auront point à subir de travail excessif.

Le même jour, M. Parkes écrivait d'Hiogo aux ministres Sawa et Terachima :

En arrivant ici le 3, j'ai appris avec une profonde émotion que le gouverneur de la contrée avait ordonné la déportation de presque toute la population mâle d'Ouracami, s'élevant à environ 700 individus, pour le seul motif qu'ils continuaient à professer la religion chrétienne. Les ordres étaient péremptoires et ne souffraient aucun délai. Ces infortunés avaient été cités le 1ᵉʳ au soir pour comparaître le lendemain, et devaient être immédiatement embarqués sur deux vapeurs et transportés loin de leurs familles. Or, ces indigènes se livraient paisiblement à l'agriculture, et, vingt jours auparavant, ils avaient acquitté la taxe sur la moisson préparée par leurs mains ; un certain nombre s'étant réfugié dans la montagne, cent cinquante seulement se sont présentés. Le soussigné a fait demander une entrevue au Tchi-ken-ji de Nangasaki, Nomoura-dgio, dont il a reçu la visite le 3 au soir, ainsi que celle de Watanabe Daïtchiye, du Censorat. Ces officiers ont confirmé les faits, et déclaré qu'ils agissaient d'après des ordres venus d'Yédo. Watanabe avait été envoyé spécialement pour veiller à l'accomplissement de ces ordres. Tout le reste des chrétiens habitant dans la juridiction de Nangasaki, au nombre d'un ou deux mille, devaient encore être exilés.

M. Parkes ajoute qu'il a rappelé aux officiers les assurances données l'année précédente au nom du souverain, et notamment la lettre officielle du mois de janvier précédent, promettant que les chrétiens seraient traités désormais *selon l'esprit progressif du siècle*. Nomoura et Watanabe s'étaient retirés pour conférer ensemble. Le lendemain 4, au matin, ils étaient revenus et avaient fait connaître qu'ils ne pouvaient qu'exécuter leurs ordres. M. Parkes avait insisté en exprimant sa conviction absolue que les ordres avaient été mal interprétés. Il avait demandé un sursis, s'engageant à se rendre à Yédo, en compagnie de Watanabe, pour conférer avec le gouvernement. Les officiers s'y étaient refusés.

M. Parkes priait les ministres d'informer le gouvernement de tous ces faits, et témoignait l'intention de revenir bientôt à Yocohama, pour s'entendre avec les délégués. Il réclamait encore un sursis à la persécution, ajoutant qu'il ne prétendait pas intervenir dans les affaires du gouvernement, mais qu'il insistait pour qu'on n'outrageât pas les sentiments des puissances.

Le 10 janvier, M. de Long accusa réception aux ministres japonais de leurs deux lettres des 2 et 7 janvier, relatives aux chrétiens.

Il leur communiqua le rapport des consuls européens de Nangasaki, daté du 20 janvier 1870, et déclara protester au nom des chrétiens et de la civilisation. Il ajouta que la liberté religieuse avait été l'élément principal du développement de la puissance et de la prospérité des États-Unis; qu'il ne pouvait y avoir d'amitié sans respect, et que le gouvernement japonais compromettait ses alliances.

Ces paroles fermes eurent un premier résultat, qui fut que, le même jour, une conférence eut lieu.

Nous en donnerons la relation abrégée :

Protocole de la conférence du 10 janvier 1870 : Yédo, ministère des affaires étrangères.

Présents : S' Harry Parkes, M. Outrey, M. de Long, M. von Brandt ; — MM. Siebold, Diéborgues et Kempermann, interprètes, d'une part ;

Et Sanjo, premier ministre du Japon ; Iwacoura, ancien premier ministre ; Sawa, Terachima, ministres des affaires étrangères ; huit membres du conseil d'État, des secrétaires et des censeurs d'autre part.

Sanjo dit qu'il exposera aux ministres étrangers quelles sont les vues du gouvernement à l'égard des chrétiens d'Ocouwara. Le gouvernement n'oublie pas l'engagement pris, antérieurement à Ozacca, d'être indulgent à leur égard, et le gouvernement y a été fidèle. Cependant on a constaté que les chrétiens s'étaient montrés séditieux, et qu'ils étaient disposés à s'insurger contre l'autorité et à compromettre les bonnes relations avec les nations étrangères. Pour cette cause le gouvernement a résolu de les déplacer. Toutefois, on veut bien provisoirement les laisser dans leur résidence.

M. Parkes répond en ces termes : « Je croyais que la sentence de bannissement contre les chrétiens d'Ocouwara était mise en oubli ; mais j'ai appris à Nangasaki qu'on l'exécutait, et que 700 personnes allaient être déportées. La seule cause alléguée a été la profession par ces habitants de la foi chrétienne. Un pareil acte n'est rien moins qu'amical et doit offenser mon gouvernement. Vous ne sauriez maintenir que vous n'êtes pas infidèles à vos engagements. Vous avez droit de punir les individus criminels, mais non pas d'étendre le châtiment à des familles entières, à des milliers d'individus. »

M. Parkes : « Vous considérez évidemment que la peine principale est la mort. Et vous qualifiez de traitement plus doux la séparation d'avec la famille, et l'exil. »

Iwacoura maintient qu'on a traité les chrétiens avec douceur. On a déporté les individus en compagnie de leurs familles ; on leur a distribué des terres, et on leur a donné des moyens d'existence. « La peine infligée aux chrétiens était jadis la crucifixion : nous avons modéré ce châtiment d'après le désir des ministres étrangers. Au Japon, où le peuple professe une seule religion, tout changement subit, toute introduction d'une religion nouvelle occasionnent un trouble dans l'État. »

« Mais nous voulons conférer de nouveau sur ce sujet avec vous. Au cas où dans l'avenir nous le jugerions nécessaire, nous suivrions les anciens errements. Si les chrétiens d'Ouracami s'étaient bornés à faire profession de christianisme, le gouvernement ne les aurait pas déplacés. Mais, soit pour le motif de la religion, soit parce que des malfaiteurs se sont introduits au milieu d'eux, il y a eu des troubles, et nous les avons fait cesser, en séparant et en exilant les coupables. On a donc seulement puni la révolte. »

M. Outrey : « Vos paroles ne sont pas d'accord avec vos lettres. En quoi ces personnes ont-elles désobéi ? Est-ce en professant le christianisme ? »

Sawa : « J'ai été gouverneur de Nangasaki. Des criminels appartenant aux clans des daimios voisins se réfugient souvent dans les localités chrétiennes. Ils s'y font baptiser, et, quand on va pour les arrêter, il est fait résistance. Les gens dont nous parlons sont en réalité des brigands. »

M. Outrey : « Auriez-vous donc assez de puissance pour châtier un village entier, et ne l'auriez-vous pas pour saisir quelques malfaiteurs ? »

Sawa : « Nous punissons le village, quand il résiste à nos officiers, en prétendant que l'homme arrêté l'est pour un motif religieux. »

Terachima : « Les chrétiens, d'ordinaire, s'entendent mal avec leurs concitoyens qui ne sont pas chrétiens. Ils les oppriment afin de les obliger à devenir chrétiens. Les mêmes individus font de faux rapports aux représentants européens. »

M. Outrey : « Je n'ai jamais reçu de ces rapports. »

Terachima : « Nous ne voulons que les mettre en un lieu, où nous pourrons les examiner et les ramener dans la voie droite. »

Sawa : « Nous avons puni, non pas les chrétiens, mais les rebelles. Autrement, comment un gouvernement serait-il possible ? »

M. Outrey : « *Combien y avait-il d'habitants ?* »

Sawa : « *Environ cinq mille.* »

M. Outrey : « *Et combien de chrétiens ?* »

Sawa : « *Environ trois mille.* »

M. Outrey : « *Ces trois mille individus en ont donc molesté deux mille et vous avez exilé les trois mille ?* »

Sawa : « *Oui.* »

M. Outrey : « *Je croyais qu'il y avait eu quatre mille exilés, d'après le décret ?* »

Sawa : « *Oui, si l'on y comprend les chrétiens d'alentour.* »

M. de Long : « Le décret de déportation rendu l'an dernier a-t-il été révoqué ou modifié ? »

Sawa : « Il a été suspendu pour un temps, en raison des événements politiques. Il n'a été ni révoqué ni modifié. »

Terachima : « Nous ne l'avons pas exécuté, pour éviter la dépense. Nous avions espéré l'amendement des coupables, mais nous nous étions trompés. »

M. de Long : « Le décret qui s'exécute est-il le décret originaire ? »

Sawa : « Oui, mais avec adoucissement. »

Terachima : « Dans le principe, les hommes seuls devaient être déportés ; à cette heure, ils ne sont pas séparés de leurs familles, et on doit leur procurer des terres et des habitations. »

M. de Long : « Quand a été rendu le dernier décret ? »

Sawa : « Le 19 du mois dernier. »

M. de Long : « Vous ne nous en avez rien fait savoir. »

Sawa : « Je vous ai écrit à ce sujet. »

M. de Long : « Vous m'avez annoncé que vous exécutiez l'ancien décret. Je vous réponds en ce moment : Est-ce l'ancien que l'on exécute, ou bien a-t-on rendu un nouveau décret ? »

Sawa : « Je vais m'expliquer : des ordres avaient été donnés antérieurement. »

Terachima : « Des ordres avaient été expédiés à Nangasaki ; mais l'exécution a été retardée par des raisons d'administration intérieure, et aussi d'après les représentations des ministres étrangers. Des ordres mitigés viennent d'être transmis. »

M. de Long : « Votre lettre parle du décret originaire. Vous ne m'avez rien dit des adoucissements dont vous parlez à cette heure. »

Sawa : « C'étaient d'abord les hommes seuls : maintenant on leur associe leurs familles. »

M. de Long : « Combien de personnes ont été déportées d'après les derniers ordres ? »

Sawa : « Jusqu'au 6 de ce mois, 500 hommes sont partis en avant ; les femmes et les enfants devaient être expédiés le lendemain. »

M. de Long : « *Où devaient-ils être envoyés ?* »

Terachima : « *Je l'ignore ;* nous sommes seulement informés de leur départ. »

M. de Long : « Comment savez-vous qu'ils auront des maisons et des terres ? »

Terachima : « Par un des conseillers, mais sans aucuns détails. »

M. de Long : « Où sont-ils envoyés ? »

Terachima : « Je ne le sais pas exactement; quelques-uns doivent aller dans une autre partie du *Kiou-siou*, d'autres en *Chochou*. »

Sawa : « *Vous pouvez être assuré que nous ne séparerons pas les femmes et les enfants d'avec les hommes.* »

M. de Long : « Vous proposez-vous de faire surseoir à l'exécution des ordres? »

Sawa : « De nouveaux ordres ont été donnés à cet effet. »

M. de Long : « Mon gouvernement est sympathique au vôtre. Mais de pareils actes provoqueraient un cri d'horreur, dans un pays où la liberté religieuse est complète, et où la religion chrétienne est universellement professée. Vous pourriez voir notre sympathie se changer en hostilité. Ma conviction et celle de mes collègues sont que la seule cause du traitement barbare infligé aux exilés est le fait qu'ils professent la religion chrétienne. »

Sawa : « *Je suis prêt à retirer ma précédente lettre*, et à vous écrire, ainsi qu'à vos collègues, de plus amples explications. »

M. de Long : « Je recevrai vos explications, spécialement sur la nature du décret que vous exécutez, *mais votre précédente lettre est enregistrée à mon office, et fait partie de ses archives : excusez-moi de ne point vous la laisser retirer.* »

Iwacoura : « IL EST ABSOLUMENT NÉCESSAIRE QUE NOUS PUISSIONS GOUVERNER NOTRE PEUPLE : NOUS SOMMES DONC OBLIGÉS D'EXÉCUTER CES MESURES CONTRE LES GENS D'OURACAMI. POUR COMPLAIRE AUX MINISTRES ÉTRANGERS, NOUS AVONS ENVOYÉ DES ORDRES CONTRAIRES; MAIS NOUS AIMERIONS MIEUX EXÉCUTER NOS PREMIERS ORDRES, CAR IL EST DANGEREUX POUR UN GOUVERNEMENT DE RÉVOQUER UN ORDRE DONNÉ. »

M. Von Brandt : « Je m'associe au sentiment de mes collègues. »

Iwacoura : « Si notre gouvernement a prohibé la religion chrétienne, ce n'est point parce qu'il la réprouve, mais parce que nous prévoyons les grands troubles qui pourraient en résulter. Si, par exemple, un individu sur cent se convertit à cette religion, cela devra conduire à un déchirement et à un morcellement du peuple. *Précédemment, les lois contre la religion chrétienne étaient très-rigoureuses; elles sont maintenant adoucies de trois ou quatre degrés, mais nous ne pouvons permettre que cette religion soit professée universellement.* »

M. Von Brandt : « Nous ne vous demandons pas qu'on en autorise le plein exercice, mais nous demandons que ceux qui la professent ne soient pas punis pour ce seul motif. Là se trouve la seule distinction. Je ne demande pas que l'on change les lois, mais seulement que l'on permette à ceux qui professent la religion chrétienne de demeurer en paix, sans être torturés pour leur foi. »

Iwacoura : « Vous apprécierez la façon d'agir de notre gouvernement par ce seul fait que les chrétiens indigènes qui ont été précédemment envoyés de ce village en *Chochoû* doivent tous être ramenés, *parce qu'ils ont abjuré la religion chrétienne.* »

M. Outrey : « Vous articulez une contradiction : ceci prouve qu'ils ont été punis à titre de chrétiens. *Si les autres abjurent, les laisserez-vous en paix ?* »

Iwacoura : « *Assurément, s'ils suivent la religion de leur empereur, il n'existe plus de motif de les punir.* »

M. Outrey : « *Donc ils sont punis en qualité de chrétiens.* »

M. Von Brandt : « Si, dans notre pays, vos compatriotes étaient ainsi punis, que penseriez-vous ? »

M. Outrey : « *Nous respectons votre religion.* »

Iwacoura : « *Si j'ai dit que c'est à titre de chrétiens, c'est vrai seulement dans un sens;* mais la principale raison est qu'en raison de leur profession de christianisme, ils méprisent leur religion propre. D'après la religion *Sintô*, le Micado est le descendant direct de l'Esprit ; il gouverne de droit divin en raison de son origine divine. Le christianisme enseigne au peuple le mépris et l'incroyance sur ce point de notre foi. Si les chrétiens refusent de se rendre au temple Sintô, qui existe à Owacoura, et qui est consacré au Micado, ils méprisent le prince et le font mépriser. »

M. Outrey : « Pourquoi donc ne punissez-vous pas les bouddhistes ? Le Micado ne peut être le chef de plus d'une religion. »

Terachima : « Les bouddhistes respectent la religion Sintô, en adhérant au principe d'autorité divine. »

M. Outrey : « Mais cependant ils ont leurs temples et leurs prêtres. Les oblige-t-on à fréquenter le temple Sintô ? »

Iwacoura : « Au Japon, que l'on soit ou non bouddhiste, on révère et l'on adore le Tencho Daïsin, l'ancêtre du Micado, comme un ancêtre divin : les chrétiens ne le font pas ! Ils l'insultent et le ridiculisent, et, par suite, insultent et ridiculisent le Micado. »

M. Van Brandt : « Comment l'insultent-ils ? »

Terachima : « A Owacoura, dans le temple de Tencho Daïsin, est une porte consacrée à ce divin ancêtre. Les chrétiens ne passent jamais devant cette porte, mais ils font un détour, et témoignent ainsi de leur mépris. Dans toutes les maisons des sectateurs du Sintô, le peuple a des idoles, des dieux de famille, et des livres sacrés. Les chrétiens se rient de ces idoles, et méprisent les livres sacrés. »

M. Outrey : « Agissent-ils ainsi dans l'intérieur de leurs maisons ? »

Terachima : « Il y a une place, appelée Chima-carou, avec de petites portes rouges ; il croît de l'herbe au centre, et le peuple recueille cette herbe. Les chrétiens dédaignent cette herbe, et se détournent pour ne point traverser la place. C'est un témoignage public de mépris. »

« Chez vous le peuple a plus ou moins à s'occuper du gouvernement. Ici le peuple n'a rien à y voir ; et, pour maintenir le gouvernement, il est indispensable que le peuple croie à l'origine divine de Micado. Le gouvernement du Taïcoun a omis de satisfaire à cette obligation : aussi un grand nombre de Daimios ont refusé de lui obéir, déclarant qu'il n'avait plus autorité pour les gouverner. Il est devenu nécessaire que le Micado reprît la direction des affaires, parce qu'il était seul reconnu de tous, comme investi d'un droit divin. Nous devons donc maintenir ce droit, et par là même assurer notre gouvernement. »

S. H. Parkes, ayant consulté ses collègues, fit au nom commun la déclaration suivante :

« Notre opinion est que les chrétiens d'Owacoura ont été poursuivis comme tels. Nous répétons que ce fait offense les puissances ayant des traités. Vous opprimez ces chrétiens comme professant la religion que nous professons nous-mêmes. Vous voulez bien être nos amis, mais nous prévoyons de graves difficultés entre nous et vous. N'ajoutez point à vos embarras intérieurs, et tenez un compte sérieux de nos sentiments. Vous nous avez annoncé que vous alliez surseoir à l'exécution de l'arrêt. Nous vous en savons gré. Réfléchissez mûrement et reconnaissez qu'il est superflu d'exiler le reste de ce peuple, ainsi qu'Iwacoura nous l'a fait craindre. »

M. Outrey : « Ces questions produisent une impression pénible. Appréciez mieux l'esprit des gouvernements européens. »

M. de Long : « Et des États-Unis, surtout, où la liberté de conscience est absolue, et où tout le monde professe la foi chrétienne qu'ici vous persécutez. »

Von Brandt : « J'adhère à ces paroles. »

Iwacoura : « Il est évident, d'après vos raisons, qu'en Europe le peuple a de l'influence sur le gouvernement : il en est de même au Japon. Mais ici le peuple voit avec défaveur l'introduction de la religion chrétienne. Notre gouvernement est absolu, et ne règne que par la religion : nous ne voulons point rendre le gouvernement impossible. *Nous sommes donc obligés de réprimer le christianisme*, sans avoir la pensée de vouloir vous offenser. »

Terachima : « Examinez les traités, et vous verrez que les engagements sont réciproques. Les étrangers, au Japon, doivent avoir leurs lieux de culte et peuvent pratiquer leur religion. Aucun des contractants ne doit troubler l'autre. Tel est l'esprit des traités. Nous avons accordé aux étrangers leurs lieux de culte, et nous ne leur avons point causé de trouble. Mais nous avons constaté que les missionnaires avaient établi un lieu de culte à Owacoura, au-delà des limites de l'établissement étranger; qu'ils y allaient de nuit, et qu'ils y prêchaient leur religion. »

M. Outrey : « *Ils ne doivent point l'avoir. C'est la première fois que j'entends parler de ce fait.* »

Terachima : « Sans doute il n'est pas conforme aux traités que les lieux de culte à l'usage des étrangers soient fréquentés par les Japonais ; mais nous considérons surtout que les étrangers n'ont point, même à l'intérieur de la concession, le droit de prêcher et de propager leur doctrine, ainsi qu'ils le font. Il a paru, dis-je, à notre gouvernement, que les missionnaires ont induit ces indigènes à agir comme ils ont fait, de manière à les compromettre. Que les missionnaires aient promis assistance à ces gens, le fait est de toute évidence; car aussitôt que nous avons entrepris de surveiller les chrétiens, ceux-ci se sont empressés de s'aller plaindre à vos prêtres. Nous aurions dû, depuis longtemps, prendre l'initiative à cet égard et nous plaindre de vos prêtres, nous l'avouons sans peine; mais, présumant que la voie la plus courte était d'agir directement vis-à-vis de nos sujets, nous l'avons fait. Peut-être, en nous plaignant plus tôt, n'aurions-nous eu à punir que 10 ou 100 individus. »

M. Outrey : « Je regrette de n'avoir jamais été informé par vous de votre grief. *Mais je dois vous rappeler que la persécution a commencé depuis plus de quatre ans.* Ceci vous démontre que plus les chrétiens sont persécutés et plus ils se multiplient; nous savons même que dans une place de l'intérieur, *où il n'existe point de prêtres,* vous avez été dans le cas de persécuter vos sujets pour le fait de christianisme. *Nous le savons d'après vos propres journaux.* »

Terachima : « *Il est vrai.* Mais c'étaient des Japonais qui avaient prêché le christianisme. »

M. Outrey : « Ne savez-vous pas qu'au temps du Taïcoun votre gouvernement apprit subitement l'existence de quatre ou cinq mille chrétiens indigènes? N'étaient-ils pas chrétiens de père en fils? Et cela même ne prouve-t-il pas que plus vous persécutez les chrétiens et plus ils se multiplient? »

Terachima : « Il se peut que ces chrétiens soient d'anciens chrétiens : dans ce cas ils s'étaient tenus cachés. Le gouvernement ne recherchait pas les sentiments du cœur, afin de les punir; mais les hommes dont vous parlez sont des séditieux, et comme tels nous ne saurions les tolérer. Nous ne voulons pas dire que les missionnaires les conseillent, mais ces hommes ont jeté le défi au gouvernement. Les officiers de Nangasaki nous ont fait connaître qu'ils avaient transformé l'un des dix temples, existant dans leur contrée, en un lieu d'adoration, et que le peuple s'y assemble et y reçoit les missionnaires, lesquels viennent pendant la nuit et célèbrent leur culte. »

M. Outrey : « *Dans ce cas, détruisez ces maisons et arrêtez ces actes,* s'ils ont lieu par-delà les limites stipulées dans le traité. »

Terachima : « Les missionnaires emploient deux hommes à deux sabres, des gens déclassés, comme sous-instructeurs, pour aller prêcher et propager le christianisme à l'intérieur du pays. Notre motif pour déplacer nos sujets, c'est de les soustraire à l'influence des missionnaires. A vrai dire, Ouracami et d'autres villages du même genre sont devenus un repaire de mauvais sujets qui s'y rassemblent, et qui se vantent d'être les protégés des puissances étrangères. On leur a donné sujet de le présumer. »

M. Outrey : « Aucun de nous, les consuls, n'a jamais donné de semblables assurances, et c'est la première fois que nous en entendons parler. *Nous persistons à vous déclarer que vous offensez les puissances, et nous vous invitons à y réfléchir sérieusement.* »

Iwacoura : « *Je ne puis que répéter que nous désirons avoir avec vous des relations amicales : mais nous devons avoir la liberté de gouverner nos sujets. Nous donnerons des ordres de surseoir, pour toute la durée de cette conférence : et de la conférence dépendra notre action ultérieure. Nous avons parlé des méfaits commis par les missionnaires : et ces méfaits sont tels que vous, ministres, vous ne pouvez les excuser ; nous espérons qu'il sera dans votre pouvoir de surveiller les missionnaires, de gré ou de force.* »

M. Outrey : « *Nous ferons tout ce qui dépendra de nous pour que nos administrés agissent bien en toute circonstance.* »

M. du Long : « Je déclare sans hésiter que lorsqu'il m'est remis une plainte au sujet d'un méfait commis par un citoyen américain, quel qu'il soit, je suis et je serai toujours aussi empressé pour le ramener dans le devoir, ou pour le punir, que je le suis aujourd'hui pour demander, au nom de mon pays, à votre gouvernement, le redressement de ce que j'envisage comme une injure. »

Iwacoura : « *Je suis très-satisfait de cette franche déclaration, et je présume que nous arriverons à une entente*, et que nous serons dispensés de procéder à une déportation nouvelle. Nous ajournerons donc le sujet. Le *conseil consent pour quatre ou cinq jours à surseoir aux mesures de rigueur*, et un officier partira demain pour tout arrêter. Sawa et Terachima devront conférer plus tard avec vous, selon votre bon plaisir. Nous ajournons la conférence. »

Pour résumer ce tissu d'inexactitudes et de contradictions de la part des Japonais, et de moqueries envers nos ambassadeurs, il suffit de dégager les points suivants :

« Si les chrétiens demeurent impunis, ils vont saper toute autorité, et compromettre le gouvernement dans ses relations avec les étrangers. »

« Les chrétiens sont des gens insociables. »

« Dans ce dernier cas, disent les ministres européens, punissez les séditieux. Mais si vous châtiez seulement les chrétiens sur de simples accusations, et si vous les traitez comme des criminels, vous démontrez que la religion seule est le motif de la persécution. »

« On a torturé les gens d'Ouracami pour leur arracher des paroles d'apostasie. La plupart ont résisté comme les martyrs, leurs ancêtres. »

« Les chrétiens obéissaient aux lois et acquittaient fidèlement les taxes. Dans les discordes civiles, ils n'ont point recherché l'occasion de se venger, en s'unissant à l'un ou l'autre parti. Si des gens appartenant aux clans limitrophes, et qui ont pénétré parmi les chrétiens, se sont convertis au christianisme, et se sont fait baptiser, ce n'est point en cela qu'ils ont été coupables. Les consuls ont pris des informations, et les rébellions alléguées sont imaginaires. Jamais Ouracami n'a servi de refuge à des malfaiteurs, et jamais les gens de police n'y ont pénétré, si ce n'est pour saisir les indigènes sur le seul motif de la religion. »

« Jamais les chrétiens n'ont opprimé personne ; ils sont au contraire pleins de charité vis-à-vis des païens. »

« Au surplus les accusations frivoles des ministres japonais ne sauraient justifier les rigueurs exercées contre les chrétiens. Les ministres japonais se démentent sans cesse eux-mêmes. Terachima dit : Si nous avons persécuté les chrétiens pour leur foi, ce n'est que dans un sens, et on ne les punit que pour avoir, en professant leur religion, insulté la nôtre. »

« Cependant ces hommes d'État, qui sont les coryphées des serviteurs du Micado, ne sauraient nous faire illusion sur leurs opinions personnelles touchant le fait de l'adoration; et nous savons, à n'en pas douter, qu'aucun officier ne croit à la divinité du Micado. Le Micado lui-même ne se croit pas divin. Les chrétiens sont donc dispensés par leurs gouvernants de croire à ces mensonges, tout en demeurant les sujets *fidèles* de leur empereur, quel qu'il soit. »

Dans la même entrevue, les ministres japonais avaient promis une fois de plus que les exilés seraient accompagnés de leurs familles, que des terres leur seraient données, et qu'ils pourraient travailler pour leur existence. Nous constaterons que ces promesses étaient encore illusoires.

Au moment où les ministres japonais promettaient le sursis, ils savaient parfaitement qu'il ne restait plus personne à exiler. Peu de jours après, ils faisaient saisir cinquante ou soixante individus, qui s'étaient échappés d'abord; et ils continuaient de vendre tous les biens de leurs victimes.

Dans une dépêche du 23 janvier, M. de Long, après avoir résumé la transformation politique accomplie récemment, y rattacha la question du christianisme.

D'après ce diplomate, le Micado, dont la suprématie de droit divin était d'autant plus incontestée qu'elle était purement nominale, avait vu ses droits temporels rétablis, mais bien plus en apparence qu'en réalité. Le Chôgoun avait été dépossédé de la suprématie politique sous laquelle, pendant deux siècles et demi, s'étaient courbés tous les princes. Mais les grands Daïmios, qui avaient fait la révolution dernière, Satsouma, Chôchou (ou Nangato), et Tosa, entendaient bien l'avoir faite à leur avantage. Divisés déjà dans le fonds de leur politique (Satsouma faisait ombrage à ses deux anciens alliés, et l'antagonisme devait éclater plus tard), ils voulaient contraindre tous les princes à résider à la cour, comme précédemment sous les Chôgouns, et à faire acte permanent d'obéissance. Les Daimios se soumirent en apparence, mais cessèrent en réalité de résider à la cour. Un décret, émané du Micado, supprima leurs titres et réduisit ces feudataires au rang de simples nobles, en les créant gouverneurs de leurs provinces au nom du Micado, et les déclarant révocables. Ce décret encore demeura lettre morte. Un nouveau décret détermina les rapports des gouverneurs avec l'autorité suprême. Ce dernier décret produisit un effet plus fâcheux que les précédents, et provoqua des symptômes de résistance ouverte.

La disette du riz et la nécessité de pourvoir à l'alimentation des trois grandes villes d'Yeddo, Kioto et Ozacca créèrent une difficulté nouvelle et infiniment grave.

Un autre élément de désordre fut la jalousie occasionnée dans la population de Kioto par la résidence du Micado dans Yeddo.

Enfin les énormes dépenses du gouvernement et l'impossibilité d'imposer de nouvelles charges firent naître la pensée d'un emprunt à l'étranger, acte impopulaire, mais, pour ainsi dire, inévitable.

La noblesse des districts avoisinant Kioto, formant un groupe d'environ 20,000 individus, parut à cette époque vouloir s'insurger, afin d'obtenir le retour du souverain dans la ville sainte. Les prêtres Sintô, qui avaient aidé puissamment à la restauration du Micado, et qui en avaient reçu la promesse que leur culte serait seul reconnu dans l'empire, à l'exclusion de tout autre, travaillèrent dans le même sens.

Il ressort de tout ce qui précède que la persécution contre les chrétiens fut suscitée par des motifs politiques, c'est-à-dire, par l'intention d'apaiser, aux dépens des chrétiens, l'hostilité créée contre les étrangers, et la pensée d'affermir le nouveau gouvernement.

M. de Long, avec une pénétration singulière, exposa l'origine et les progrès de cette politique. Il les rendit évidentes par l'ostentation avec laquelle avaient lieu les déportations, par la solennité donnée à la conférence d'Yeddo, et surtout par la subdivision multiple et la répartition des exilés entre les seigneurs, en vue de donner une publicité plus grande aux actes du gouvernement, et de complaire à la fois aux Daimios et au peuple.

Le gouvernement du Micado, pleinement informé de l'opinion sévère des gouvernements européens touchant la persécution, présumait que ces gouvernements n'iraient point au-delà des remontrances, et consentiraient à l'absoudre par la raison de nécessité.

Nous devons ajouter cette observation que le premier décret du Micado condamnait les exilés à travailler dans les mines. On voit ici percer le désir d'exploiter les mines d'or, d'argent et de charbon. La population indigène répugnant au travail souterrain, par la peur d'occasionner des tremblements de terre et d'en être victimes, l'on condamnait les chrétiens à ce périlleux labeur.

Dans une autre dépêche du même jour, 23 janvier, M. de Long transmit la copie de deux rapports mensongers du gouverneur de Nangasaki, touchant les exilés d'Ouracami. Ces deux rapports étaient adressés à ce diplomate par Sawa et Terachima.

Il n'est pas indifférent de citer ces documents, dont les deux hauts fonctionnaires ont assumé la responsabilité, et qui diffèrent en presque tous les points d'avec le décret primitif, exécuté si rigoureusement. Ils annonçaient des atténuations qui n'existaient point, et pendant ce temps créaient des faits accomplis.

9 janvier 1870.

Nous vous informons que jusqu'à la date d'hier, nous avons continué à envoyer les chrétiens indigènes dans les diverses provinces énoncées en la feuille ci-jointe, en prenant grand soin, conformément aux instructions reçues, de les traiter avec douceur et de leur donner des conseils salutaires. Les chefs de famille ont été pourvus d'argent, et les malades qui ont demandé du secours ont été envoyés à l'hôpital. Les vieillards et les infirmes ont été placés dans des chaises à porteurs à tous les passages difficiles, et des sandales de voyage ont été fournies à tout le monde. Les familles n'ont point été divisées, mais quelques-uns seulement de leurs membres ont été envoyés dans des places différentes, sur leur propre demande. Nous avons permis à tous d'emporter ce qu'ils désiraient de leurs propres biens, et le demeurant a été placé dans des magasins solides, en attendant de nouveaux ordres. Comme il faisait très-froid et qu'il tombait de la neige, nous avons fourni du saki à tous pour les réconforter. Des ordres précis ont été donnés par nous-mêmes aux officiers de l'escorte, afin qu'ils procurassent à ces individus tout ce qui pouvait contribuer à leur bien-être. Il a été clairement expliqué à tous que ce qui leur était nécessaire leur serait donné dans les provinces, et tous se sont montrés joyeux et animés de bonnes dispositions.

Nous copions la liste d'attribution, parce qu'elle est fantastique et diffère essentiellement d'avec la liste originale :

104 personnes à Cotsi; 102 à Tacamatsou; 87 à Matsouye; 69 à Matsouyama; 256 à Wacayama; 114 à Ocayama; 179 à Fassoya; 100 à Tsou; 45 à Bimedgi; 209 à Cassochima; 525 à Canazawa; 83 à Daimioghe; 234 à Foucoca; 155 à Tottori; 112 à Tokichima; 93 à Tsouana; 66 à Foucouyama. En tout 2,810 personnes. 185 personnes

de plus doivent être expédiées par mer à la prochaine occasion, 50 à 60 se sont évadés, et le lieu de leur retraite est inconnu.

M. de Long écrivait encore le 10 février à son gouvernement que les ministres japonais des affaires étrangères étaient venus à Yocohama le 28 janvier pour tenir une conférence avec les représentants européens, touchant la question religieuse; mais que l'entrevue n'avait pu avoir lieu, et que les dignitaires japonais avaient transmis leurs observations par écrit.

Il annexait copie de leur *memorandum*.

Depuis cet ajournement, une conférence eut lieu le 9 février. Les ministres japonais y répétèrent les mêmes allégations que précédemment. Ils promirent qu'aucun indigène converti au christianisme ne serait plus déporté de Nangasaki; mais l'observation ayant été faite que l'on savait de source très-certaine que des recherches continuaient à être opérées par les autorités locales, les ministres japonais se déclarèrent dépourvus d'informations à cet égard.

Les ministres japonais invitèrent les représentants étrangers à leur soumettre eux-mêmes des propositions, touchant le règlement définitif de la question religieuse. Ces derniers, n'ayant point par-devers eux d'instructions suffisantes, ne purent formuler aucune conclusion, et émirent simplement l'avis que les chrétiens indigènes antérieurement déportés devaient être, en tout état de cause, renvoyés dans leurs foyers.

Le gouvernement japonais affirmait que les actes et les prédications de certains missionnaires avaient causé de sérieux désordres, et qu'il envisageait la religion chrétienne au point de vue politique. Les ministres japonais persistaient à y voir une agression véritable, et se montraient résolus à s'opposer au prosélytisme par tous les moyens à leur portée.

Le résultat de la conférence fut rédigé en forme de *memoranda*, également annexé. Ce *memoranda* devait être soumis au conseil d'État, dont les décisions seraient communiquées aux ministres étrangers.

Memorandum japonais.

Ils (les ministres japonais) comprennent que les ministres étrangers sont mécontents des mesures prises par le gouvernement japonais à l'égard des chrétiens indigènes.

Appréciant les relations amicales respectives et la considération des puissances contractantes envers le Japon, ils ont cru de leur devoir d'expliquer les motifs de ces mesures. Que les habitants du village d'Ouracami soient coupables de pratiquer une religion étrangère, telle n'est pas la question ; mais, comme coreligionnaires, ils ont constitué un parti et ont fait échec aux autorités. Le gouvernement ne traiterait pas ces gens avec rigueur pour le seul motif de leur culte. Le gouvernement ne s'informe jamais des opinions religieuses que le peuple professe intérieurement, et aussi longtemps que ce peuple n'enfreint pas les lois et ne commet aucun acte de résistance, quel que soit le nombre de ceux qui professent des religions étrangères, on n'intervient pas à leur égard. Aussi, depuis la conclusion des traités avec les nations étrangères, le gouvernement a-t-il aboli la loi du *foulement aux pieds des emblèmes chrétiens*, anciennement portée afin de connaître les sentiments secrets du peuple.

Le gouvernement a engagé dans ses écoles, pour enseigner les langues étrangères, des hommes venus au Japon pour être missionnaires, et il a permis à tout le monde de traduire et de vendre publiquement toutes sortes de livres, même ceux qui ont rapport aux religions étrangères. Cela prouve que le gouvernement a l'intention de changer la loi touchant la religion ; mais quand le peuple commet des méfaits et des trahisons, quand il enfreint les lois du pays, ou qu'il résiste à l'autorité sous le prétexte qu'il est chrétien, ou bien quand les missionnaires persuadent au peuple qu'il ne sera pas puni, parce qu'il aura la protection des étrangers, alors le gouvernement doit agir, et ne point tolérer de pareils méfaits. Des avis doivent être donnés au peuple, et on doit le ramener à l'obéissance aux lois nationales.

Le gouvernement accomplit les traités permettant aux étrangers de pratiquer leur propre religion, et de bâtir des églises, mais il voit avec déplaisir que des prêtres étrangers invitent le peuple à pratiquer leur culte. Ces prêtres emploient des paroles flatteuses et des raisonnements subtils, ou bien ils donnent de l'argent à leurs sectateurs, et leur promettent la protection des étrangers, et par suite le peuple devient insolent au point d'outrager les autorités. A un pareil mal, il convient de porter remède. Après enquête, il a été constaté partout que les individus appelés chrétiens ne sont chrétiens que de nom, et que leurs actes sont de nature à encourir un châtiment dans tout autre pays. Ils cachent parmi eux des criminels que le gouvernement se trouve dans l'obligation d'arrêter ; ils sont sans cesse en querelle avec autrui et causent de nombreux désordres ; ils ont insulté notre antique religion, détruit les images des divinités, et ravalé le caractère de celles dont Sa Majesté le Micado est le descendant direct. Si ces gens sont laissés à eux-mêmes, ils occasionneront des troubles très-graves, le gouvernement pourra en être affaibli et le pays sera mis en danger. Il eût été tout à fait nécessaire de punir sévèrement ces gens, mais il a été promis, en janvier 1869, par Higachi Coughe, aux ministres étrangers, que ces individus seraient à l'avenir traités avec indulgence, et le gouvernement ne voit d'autres moyens d'agir en cette affaire que de les transférer en d'autres places et d'interrompre ainsi toute communication entre eux et les prêtres. Le désir de ces derniers, en vue de la conversion des indigènes, peut n'être point mauvais ; mais, par malheur, les Japonais l'ont mal interprété et ont insulté les autorités. Le gouvernement a éloignés ceux-ci en se conformant à ses promesses envers les représentants étrangers. Aucun traitement rigoureux n'a été infligé, mais toute l'assistance nécessaire a été donnée aux exilés. C'est ce que le gouvernement est en mesure de prouver.

Tels sont les motifs qui ont provoqué les dernières mesures. Il y a deux ou trois cents ans, la religion catholique a été propagée au Japon, et le gouvernement d'alors a été mis en danger ; le présent gouvernement a dû se prémunir contre le retour de tels faits. Si les puissances amies du Japon considéraient nos mesures comme peu amicales, le gouvernement du Japon le regretterait infiniment.

Le gouvernement du Japon a accompli fidèlement les traités, au double point de vue commercial et politique, et il compte sur l'assistance continue des gouvernements étrangers. Il espère que l'antipathie du peuple, à l'égard de la religion chrétienne, se dissipera dans un temps prochain ; et il a la confiance que les puissances ayant des traités s'entendront avec lui de façon que tout ce qui serait de nature à compromettre les relations internationales soit diligemment écarté.

Le gouvernement japonais ne devra pas recourir à des mesures aussi désagréables que celles dont il s'agit, si les missionnaires étrangers se consacrent exclusivement à enseigner leur nation en conformité des traités, au lieu d'agir irrégulièrement ainsi qu'ils ont fait.

Alors le gouvernement japonais ne sera pas obligé de s'opposer aux démarches des indigènes allant s'enquérir des matières religieuses auprès des missionnaires, et, dans la suite, il n'aura pas d'objections à faire au sujet du renvoi dans leurs villages des individus éloignés.

Le gouvernement japonais veut que ses sujets soient instruits dans les arts et les sciences, dans lesquels votre contrée a la supériorité, plutôt que sur la religion; et il désire par-dessus tout que l'amitié qui existe entre nos pays puisse croître de plus en plus.

Le 27e jour du 12e mois de la 2e année de Meodgi (28 janvier 1870).

Par une inconcevable illusion, les ministres étrangers adhérèrent au *memorandum* japonais. Ils acceptèrent, comme étant fondées, les allégations de ce gouvernement, après en avoir précédemment constaté l'inanité, et ils rédigèrent sous le titre de *memoranda* la déclaration suivante :

Memoranda.

Le gouvernement japonais ayant déclaré que l'action de certains missionnaires étrangers qui ont prêché en dehors des limites de l'établissement étranger a occasionné des troubles sérieux, et est l'une des raisons pour lesquelles le gouvernement japonais est d'avis que l'éloignement des chrétiens indigènes des environs de Nangasaki est une nécessité politique, les représentants étrangers n'hésitent point à déclarer qu'eux-mêmes, en leur propre nom, prendront toutes les mesures en leur pouvoir pour empêcher les missionnaires étrangers d'agir de la sorte, et qu'ils les puniront s'ils y persistent; il est toutefois entendu que les chrétiens indigènes qui ont été déportés d'Ouracami seront tous rapatriés.

Signé : Harry S. Parkes, Max. Outrey, C. E. de Long, M. Von Brandt.

Parmi les signataires de ce document, trois étaient protestants, et par là même, au moins indifférents à la religion catholique; mais le représentant de la France était catholique, et il nous semble avoir méconnu ses devoirs envers sa religion et envers son pays.

Quelques jours à peine s'étaient écoulés et le gouver-

nement japonais démentait les termes de son *memorandum* et violait toutes ses promesses.

Mais il est essentiel, avant d'aller plus avant, d'analy-
ser le document japonais et de ne laisser aucune équivoque.

Le gouvernement japonais, est-il dit, ne s'informe pas
des opinions religieuses professées par ses sujets, et il a
récemment aboli les pratiques injurieuses pour la religion
chrétienne. Mais ce gouvernement accuse les habitants
d'Ouracami d'être des séditieux et d'outrager la religion
nationale. Il accuse les missionnaires catholiques d'encourager la rébellion, en promettant leur protection aux
coupables. Il demande aux ministres étrangers de réprimer les missionnaires, et promet en échange de pardon-
ner à ses propres sujets.

Les accusations japonaises ont été reconnues fausses à
l'égard des indigènes. Elles ne le sont pas moins à
l'égard des missionnaires. Jamais, en effet, ceux-ci n'ont
fomenté le désordre. Les ministres européens et les
fonctionnaires japonais ne l'ont jamais ignoré. Par là
même, nos diplomates ne devaient point tolérer que la
discussion fût amenée sur ce point. Bien moins devaient-
ils y suivre les Japonais, et leur concéder comme acquis
ce qu'ils savaient être un mensonge.

Nous trouvons dans un rapport émané d'un officier
japonais, et transmis par M. de Long à son gouvernement, de douloureux détails par lesquels est révélé le
caractère uniquement religieux de la persécution.

D'après ce document, nul des exilés n'ignore que la
pratique de la religion chrétienne est rigoureusement
interdite, et que les transgresseurs encourent les peines
les plus rigoureuses. L'officier ajoute, et l'on est dispensé

de le croire, que les exilés sont très-reconnaissants de l'indulgence pratiquée à leur égard.

L'officier déclare encore que les familles n'ont pas été divisées. Mais il se contredit immédiatement, en reconnaissant que les chefs de famille ont été transportés d'abord, et que leurs parents, embarqués plus tard sur des bâtiments différents, ont dû être expédiés chez le même seigneur. *Ceux qui ont été séparés ne l'ont été que sur leur demande.* En effet, les parents des exilés, envoyés l'année dernière au prince de Chochoû, ayant appris que ces derniers *avaient reconnu leur erreur* (c'est-à-dire *apostasié*), n'avaient pas voulu les aller rejoindre.

Il est essentiel de noter une circonstance dont le sens échappe à l'officier japonais, et qui atteste l'héroïsme des confesseurs. L'officier relate que la plupart des chrétiens arrivaient à bord, voilés d'un mouchoir blanc. C'était celui qu'ils avaient reçu du prêtre au jour de leur baptême. Ils manifestaient par ce signe qu'ils voulaient persévérer dans leur foi jusqu'à l'exil, et jusqu'à la mort même.

Mais ces séditieux, ces félons, ont-ils fait la moindre résistance? Un petit nombre a fui : le reste s'est soumis. Les étrangers témoins de l'embarquement étaient pénétrés d'indignation et de douleur. Et les Japonais païens déploraient à haute voix la barbarie des persécuteurs.

Les exilés devaient être traités avec douceur. Ils devaient recevoir des terres pour les cultiver et en tirer leur subsistance. Nulle de ces promesses n'a été tenue. Et l'on peut affirmer, sur des témoignages irréfragables, qu'aucune des familles n'a été réunie, et que beaucoup d'individus ont été torturés et contraints à l'apostasie. Il y a eu beaucoup de martyrs, et nous en ignorons le nombre.

On ne connaît point le sort de tous les exilés; mais, d'après des informations certaines et dont nous allons parler, on peut conclure à la généralité des traitements les plus barbares.

En Nagato, les confesseurs se sont vus assimilés aux derniers des criminels. Les supplices ont été si épouvantables que les victimes suppliaient qu'on les mît à mort, sans obtenir cette horrible faveur.

Dans Iwano, sur seize transportés, onze moururent par la faim et par l'effet des tortures, depuis 1868. On les exposait sur un étang glacé, sans aucun vêtement, et ils ne recevaient pour toute nourriture que des fruits acides, une fois le jour.

En Canga, les chrétiens furent torturés sans interruption afin qu'ils apostasiassent. Les plus fermes dans la foi se virent dépouillés de vêtements pendant un hiver très-rigoureux, et jetés en prison, en n'ayant pour se couvrir que des lambeaux de nattes : un certain nombre, ainsi que dans beaucoup d'autres places, ont échangé leurs épreuves contre les joies du ciel.

Un témoin oculaire écrivait au *Catholic Telegraph* que, dans une ville du midi de l'empire, une infinité de chrétiens se trouvait parquée dans une enceinte immense, et que, dans un terrain contigu, se trouvaient agglomérées les sépultures des confesseurs qui avaient succombé.

Le 22 février, les soixante-dix chrétiens découverts en dernier lieu furent chargés de liens et embarqués sur le vapeur *Elgin*, ancré devant Nangasaki.

Dans le recensement annuel qui s'accomplissait en ce mois-là même, chaque individu fut sommé de déclarer la religion qu'il professait. Cette obligation avait été abolie de fait depuis les traités de 1858, lesquels avaient aussi fait disparaître la coutume infâme de fouler aux pieds la croix.

Alors un grand nombre de déportés avaient été amenés à Ozacca pour être dirigés ensuite sur Canga, Owari,

Iche, Kichou, etc. Dans la prison d'Ozacca, tous étaient enchaînés, malgré les engagements solennels pris vis-à-vis des ministres européens.

Le 6 mars, les magistrats de Magome, Daïmiodgi, Chitsou, Tacadgima, firent comparaître à leur tribunal tous les habitants chrétiens et jusqu'aux plus petits enfants.

Les chrétiens d'Ouracami transférés à Firando furent embarqués en trois fois, pour être expédiés, paraît-il, dans le Tchicoudgen.

Deux cents chrétiens, transportés au Kitchou, furent soumis à un jeûne rigoureux de six jours. Il va sans dire qu'ils n'étaient point réunis par familles.

D'affreux supplices furent infligés à un certain nombre. *On en écrasa quelques-uns dans des sacs de riz ou de terre amoncelés.*

Au mois de février, une famille entière, réfugiée à Taïnooura, fut massacrée par des païens. Elle était composée de cinq personnes : Sébastien Tomokitchi, et N. Cono, sa femme, qui était enceinte; de N. Yoné, sœur aînée de Cono, et des deux enfants de celle-ci. Ils étaient en prière, et furent mis à mort en haine de la foi.

Nous devons constater encore qu'avant de transporter les malheureux chrétiens, on les promenait de prison en prison, en les faisant aller et revenir d'exil en exil, afin d'effacer leur trace.

Revenons maintenant à la diplomatie.

Le gouvernement japonais avait sollicité un délai pour l'acquittement de l'indemnité dont il était redevable, après l'expédition de Chimonocheki. On lui avait accordé cinq ans (le *Livre jaune*, par une erreur étrange, a libellé *trois ans*). C'était la remise d'un million de francs. En présence de tant d'engagements audacieusement violés, on avait le devoir d'exiger toute la dette. Les Anglais l'auraient fait, et le monde entier les aurait applaudis.

Arrêtons-nous un instant sur l'exposé politique du *Livre jaune :* ce témoignage officiel vaut la peine d'être médité.

Les anciennes lois établies au Japon contre les indigènes convertis à la foi chrétienne avaient été, dans de récentes circonstances, appliquées à un certain nombre de familles, que la fréquentation de leurs coreligionnaires européens avait enhardies à pratiquer publiquement la religion de leurs ancêtres. Les démarches qu'un sentiment d'humanité a dictées à notre ministre, et auxquelles se sont associés les représentants de plusieurs autres puissances, ont procuré quelque soulagement à ces infortunés. Le gouvernement japonais a, en outre, donné aux agents étrangers l'assurance que l'ancienne législation ne serait pas maintenue dans toute sa rigueur et que l'on aurait recours désormais à des mesures plus douces et plus humaines. Nous avons été heureux, en cette occasion, de voir les ministres du Micado se rendre à l'influence toute morale des idées civilisatrices que les gouvernements européens portent avec eux dans ces contrées lointaines.

Après avoir lu ces déplorables lignes, ne doit-on pas réprouver ce gouvernement impérial qui n'exigea pas même une juste créance, et qui fit au gouvernement japonais la remise absolue de sa dette, au mépris de nos devoirs chrétiens, et aux dépens de nos finances?

Ainsi notre gouvernement et nos diplomates, invariablement empressés d'éviter des embarras lointains, et enclins à faire des largesses avec nos deniers, nous désarmaient follement, tandis que la qualité de créanciers nous aurait laissé l'avantage.

Ce n'était pas assez de notre propre défaillance. Lord Clarendon, ministre des affaires étrangères d'Angleterre, avait écrit, le 23 mai 1870, à lord Lyons, ambassadeur à Paris, qu'il s'associait aux idées politiques de M. Léon Roches. C'était d'autant plus inexcusable que lord Cla-

rendon avait reçu, du gouvernement français, la communication d'une dépêche américaine condamnant le fait
des autorités japonaises.

Nous touchions à la fin de la session législative, et, dans
cette occurrence, une interpellation sur le Japon et la
Chine aurait été sans effet.

Ce fut alors que M. Chesnelong, député, rapporteur du
budget, eut l'heureuse pensée d'insérer dans son rapport,
au titre de la marine, une clause véritablement efficace.

La Chambre des députés devait être saisie, à l'occasion
des budgets complémentaires de 1868, 1869 et 1870,
d'une demande exprimée par le ministre de la marine
pour la station navale du Japon.

En présence de la persécution exercée contre les
chrétiens indigènes, défi sanglant aux puissances européennes, M. Chesnelong, parlant au nom de ses dix-
sept collègues, proposa non-seulement d'accorder le cré-
dit de 290,000 francs demandé par le ministre, mais
émit l'avis de renforcer la station navale, et fit valoir à
ce sujet les considérations les plus nobles, les plus fran-
çaises et les plus chrétiennes.

Nous lui laissons la parole :

La première allocation, de 290,000 fr., serait destinée aux dépenses
de la station navale du Japon. Le total des importations et des
exportations de la France avec ce pays s'est élevé à 80 millions en
1868. L'entretien de forces navales y est d'autant plus nécessaire en
présence d'intérêts français si sérieusement engagés, que des discus-
sions intestines agitent le Japon depuis deux années, et que, la persécution religieuse se mêlant aux vengeances politiques, les chrétiens
indigènes y sont traités avec un fanatisme féroce. Depuis la procla-
mation d'avril 1868, qui interdit aux Japonais chrétiens l'exercice de
leur religion, on a exilé des familles pour des destinations inconnues,
livré des femmes, à prix d'argent, à l'esclavage, massacré des enfants, malgré les protestations impuissantes des ministres européens.
C'est une douleur de penser que, dans des contrées visitées par les

pavillons des nations civilisées, un souverain s'arroge le droit de jeter ce défi sanglant aux droits les plus sacrés de la conscience humaine et d'exterminer des innocents au seul titre de chrétiens. Espérons que les puissances d'Europe et d'Amérique se concerteront pour mettre un terme, par leurs représentations, à ces extravagantes atrocités. En prévison, d'ailleurs, de mesures qui pourraient s'étendre aux chrétiens étrangers, la dignité et la prudence conseillent de renforcer la station navale qui doit assurer dans le Japon l'observation des traités et le respect du pavillon français.

La commission du budget déposa son rapport. L'accord du gouvernement avec la commission s'y trouvait consacré. Le ministre n'hésita pas à s'en prévaloir et ordonna l'accroissement de la station navale.

Mais, avant la réalisation de cette mesure, des événements effroyables s'étaient accomplis en Chine.

Il venait d'y éclater comme un coup de foudre la tragédie de Tien-tsin. Ce monstrueux attentat devait nous créer de plus impérieux devoirs.

La politique française à l'égard de la Chine devant être l'objet d'un second mémoire, nous nous abstenons d'en exposer ici les phases.

Et bientôt en Europe eut lieu cette guerre impie, suscitée par la Prusse, et dont le but suprême était l'anéantissement de la France et du catholicisme, au profit de la Prusse et du protestantisme, ou plutôt de l'antichristianisme.

Pendant les deux années 1871 et 1872, les chrétiens ont continué à souffrir les tourments et l'exil.

En octobre et novembre 1871, un grand officier d'Yeddo fit le tour du Japon pour exciter les confesseurs à l'apostasie, tenant à tous un même discours, dont voici la substance :

« Il faut apostasier ; mais je n'admets pas que vous le fassiez de suite. Ce que vous diriez de bouche, par crainte ou pour complaire, ne serait pas une rétractation véritable, si le cœur n'était pas absolument changé. Jusqu'ici beaucoup de gens ont dit qu'ils apostasiaient, mais peu après on les a vus recommencer à prier Jésus. Il ne faut plus qu'il en soit ainsi : réfléchissez donc, et pénétrez-vous de la vérité ; lorsque vous serez éclairés, abandonnez sincèrement Jésus, et adorez Voidj-nigo. Jésus a accompli de grandes choses en Occident, et il est naturel que les Occidentaux l'adorent. Mais il n'a rien fait pour le Japon, qui était civilisé 17,300 ans avant Jésus. Jésus et Chaca (Bouddha), — ce dernier existait 300 ans avant Jésus, — ont fondé des religions. Mais ces religions sont indignes du Japon, lequel a été créé et civilisé par les esprits. Il faut donc faire disparaître les *Teras* et les *Mias* (les temples de Bouddha et ceux des Esprits), et toute trace du culte matériel, pour ne plus adorer que de cœur les Esprits. »

Nous avons dit que l'on attribuait aux Bonzes, de la secte bouddhiste, une part considérable dans la persécution contre les chrétiens. Il paraît que leur châtiment ne s'est pas fait attendre. Le Micado, conseillé, dit-on, par le prince de Satsouma, vient de renverser leurs pagodes et les a obligés d'opter entre le métier de soldat et celui d'agriculteur.

Faisons observer en passant cette séparation de l'Église et de l'État, qui consiste en la spoliation de tous les édifices et propriétés appartenant au culte.

Nous avons dit que les chrétiens continuaient à souffrir.

Dans un seul endroit, en quelques mois, soixante-neuf prisonniers moururent, cinquante-trois restèrent inébranlables. Tous avaient traversé les rigueurs de l'hiver, n'ayant pour lit qu'une simple natte étendue sur la terre.

Le 15 novembre 1871, avait dû s'embarquer à Yocohama la grande ambassade. Elle n'est partie en réalité que le 22 décembre.

M. de Long devait l'accompagner à Washington, et M. Brooks, consul du Japon à San Francisco, était chargé de la suivre dans tous ses voyages.

En décembre 1871, il y eut une recrudescence de mauvais traitements à l'égard des confesseurs, dans les diverses provinces où ils avaient été déportés en 1870. Il y eut une déportation nouvelle des chrétiens voisins de Nangasaki, que l'on avait épargnés jusqu'à ce jour.

Le lundi 18 décembre, on embarqua d'office à bord d'un vapeur, pour une destination inconnue, soixante individus presque tous chefs de famille. L'enlèvement d'un plus grand nombre devait se continuer successivement.

L'ambassade avait pour objet la révision des traités européens. En effet, tous ces actes diplomatiques étaient à leur terme. Le traité anglais devait expirer le 1ᵉʳ juillet 1872, et le traité français le 15 août de la même année.

L'ambassade fut composée d'Oudaïdgin Iwacoura Tomomi, premier ministre en second, en qualité de premier ambassadeur; de Terachima Mounenori, vice-ministre des affaires étrangères, co-ambassadeur; de Kido Taca Mitsou, conseiller d'État; d'Ocoubo Tochi Mitchi, premier ministre des finances; d'Ito Hiroboumi, vice-ministre des travaux publics, et d'Yamagoutchi nao ÿ-ochi, vice-ministre adjoint au ministre des affaires étrangères; ces quatre derniers comme vice-ambassadeurs.

M. Outrey avait pris les devants sur l'ambassade; il était arrivé en France le 13 janvier.

Pendant que l'ambassade parcourait l'Amérique, il parut dans le *Times* du 4 mars 1872 un article ainsi conçu :

Les nouvelles du Japon venues par cette malle signalent la violence de la persécution qui sévit dans cet empire contre les chrétiens indigènes; et cette persécution est incompréhensible en présence du document japonais officiel dont il a été récemment donné lecture à une députation dans le *Foreign office*. On annonce à Nangasaki les persécutions les plus barbares. Le prince de Saga en est l'instigateur, et un haut officier de la cour du Mikado, du nom d'Iwacoura, est le président des bourreaux. Deux mille victimes sont, dit-on, vouées à la mort. Iwacoura, qui est le chef de l'ambassade destinée à l'Occident, commande les tortures et l'immolation par fournées de ces êtres misérables. En vertu du premier ordre, soixante-sept ont été mis à mort.

La croix et le bûcher, ces formes primitives du supplice des chrétiens au Japon, ont été remplacés par la faim, par la réclusion sans lumière et dans un état absolu de nudité, par l'exposition dans le même état sur des étangs glacés avec les mains et les pieds garrottés, ou bien encore avec un charbon ardent introduit violemment dans la bouche. Le journal de Nangasaki donne à entendre que les consuls étrangers ont déjà fait part de ces actes à leurs gouvernements respectifs, et il a la confiance que le gouvernement britannique interviendra. (Extrait de l'*Homeward Mail.*)

Cet article avait eu peu de retentissement au milieu des préoccupations suprêmes de l'Europe. L'ambassade japonaise, dit le journal *l'Univers*, annonçait alors les dispositions les plus propres à concilier au Japon la sympathie et l'alliance des nations occidentales. On proclamait qu'un édit de liberté religieuse devait être rendu, et devait être l'une des bases des traités nouveaux.

Cependant il nous arriva d'Yokohama (Japon), des extraits du *Japan Gazette*, qui ne laissaient aucun doute.

On avait écrit au *Japan Gazette*, à la date du 9 mai,

pour lui demander quel degré de créance il fallait ajouter à l'article du *Times*. Il inséra la réponse suivante :

Je ne connais point l'auteur de l'article du *Times*, et n'ai point à plaider sa cause. Mais je dois à la vérité de déclarer que sa lettre est, jusqu'à un certain point, fondée dans ses allégations. Il a simplement donné cours aux rapports des officiers japonais de la province d'*Imari*, laquelle était le théâtre de la persécution du 17 septembre 1871, et aux menaces proférées par les mêmes officiers, afin de frapper d'effroi les chrétiens des alentours de Nangasaki. Le gouvernement central, plus humain et mieux avisé qu'en 1870, refusa d'autoriser un abus de pouvoir aussi barbare, et retira les pouvoirs des magistrats d'Imari.

Quant à l'inculpation personnelle au prince de Saga, elle fait voir que l'auteur de l'article n'était pas suffisamment au courant des changements politiques survenus l'année dernière. Il était simplement l'écho de l'opinion qui accusait le gouverneur de la Seigneurie de la persécution au sujet de laquelle le gouvernement central avait déclaré n'avoir émis aucun ordre. Je crois Iwacoura trop intelligent pour accepter le rôle qui lui a été attribué dans la persécution. *Toutefois, en 1870, cet ambassadeur commit la faute grave de prêter son appui personnel et verbal aux mesures barbares qui ont arraché 3,000 chrétiens environ à leurs foyers, et les ont condamnés aux souffrances de l'exil et de l'emprisonnement.* Quant aux détails des souffrances que ces chrétiens ont eu à endurer, à l'égard d'un grand nombre de déportés de 1870, j'affirme, et j'en ai les preuves, que *rien n'est exagéré.*

L'an dernier, monsieur, vous avez publié vous-même les observations d'un témoin oculaire ; et, pour donner une idée de ces souffrances, il suffit de dire que le tiers environ de ces malheureux exilés ont déjà succombé à leurs rigoureuses privations. En même temps, on ne saurait nier que dans quelques endroits ils ont été bien traités.

Depuis la révolution qui a substitué l'autorité du gouvernement central à celle des princes, la condition des exilés semble s'être améliorée, quoique dans un degré moindre qu'il ne l'avait été promis en 1870 aux ministres étrangers par les représentants du gouvernement japonais.

A l'époque de la relaxation des prisonniers, qui eut lieu le 17 décembre, la conduite du gouvernement parut inaugurer une nouvelle ère. Les édits, monuments outrageants d'un passé qui n'est rien moins que glorieux, étaient, avons-nous cru, désormais abolis ; les exilés devaient réjouir leur patrie par leur présence ; enfin les

Japonais devaient être mis en possession du droit que possède tout homme de suivre la voix de sa conscience, de croire en la vérité, de pratiquer la vertu. Hélas! ces espérances ne se sont pas réalisées jusqu'à présent. Un édit a paru le 2 mars, ordonnant de rendre à leurs demeures les infortunés qui, cédant à leurs souffrances, ont eu la lâcheté d'apostasier; mais cet édit a laissé dans les tourments d'une captivité prolongée les héroïques champions de la foi, qui préfèrent à l'infamie de l'apostasie les souffrances, la misère, l'exil et la mort.

Il a plu aux persécuteurs d'accuser les chrétiens indigènes de rébellion, et de jeter une souillure sur leurs larmes et sur leur sang. A cette calomnie je répondrai que leur fidélité à Dieu est la garantie de leur fidélité à leur souverain, et que leur respect envers les pouvoirs constitués, en ce qui n'est pas contraire à la loi de Dieu, est un devoir d'obligation pour tout chrétien. C'est ce respect qui ferme le cœur des Japonais chrétiens à la haine envers leurs bourreaux, et qui, même dans leurs prisons, leur fait accepter sans plaintes les souffrances qu'ils ont si peu méritées. — Signé: A. — Yocohama, 13 mai 1872.

Il ressort de cette publication que la délivrance annoncée n'avait été le partage que de quelques apostats, et que, des 3,000 prisonniers de 1870, 1,000 étaient morts, et 2,000 achevaient de mourir.

Le 9 février, à Londres, une nombreuse députation, composée en grande partie de membres de l'Alliance Évangélique et d'autres sociétés de ministres protestants, se rendit auprès de lord Granville. Lord Ebury, président du conseil de l'Alliance Évangélique, exposa qu'au Japon les catholiques romains ayant été persécutés aussi bien que les protestants, l'Alliance n'établissait entre eux aucune distinction. Le secrétaire donna lecture d'un mémoire. Ce document établissait que, depuis la chute du gouvernement du Taïcoun et la restauration du Micado, les chrétiens avaient été systématiquement persécutés. Les monuments publics portent cette inscription: « La secte chrétienne est rigoureusement prohibée »; et depuis trois ans environ, 4,000 convertis natifs, la plupart catholiques romains, ont été envoyés en exil. La coutume de fouler aux pieds la croix, coutume qu'on disait abolie, est imposée de nouveau. Les auteurs du mémoire concluaient à l'opportunité d'appeler l'attention du gouvernement japonais sur de tels faits, et exprimaient l'espoir que, à la révision des traités entre le Japon et les autres puissances, Sa Seigneurie voudrait bien employer ses efforts pour assurer le libre exercice de la religion chrétienne au Japon.

Lord Granville exposa le dessein de procéder à une information diplomatique. Sa Seigneurie se proposa le même but que les sociétés représentées auprès d'Elle. Sir Henri Parkes, ambassadeur de Sa Majesté au Japon, témoin oculaire des faits, et présent à l'audience, fut invité à faire son rapport sur le caractère de la persécution présente.

Sir Harry Parkes déclara que la question du christianisme l'avait préoccupé vivement dans les trois années dernières. Il reconnut le fait de la persécution, *mais il essaya de justifier les Japonais, en déclarant que la persécution était un legs des siècles passés, et que c'était une guerre de religion traditionnelle.* — Nous retenons l'aveu, nous repoussons l'excuse. — On peut lire la déposition de M. Parkes dans le *China Telegraph* du 19 février 1872. Elle est équivoque, et trahit cette politique, sans principes et sans dignité, qu'a souvent tenue l'Angleterre dans l'extrême Asie.

Le 8 mars, à la chambre des communes, lord Enfield, sous-secrétaire des affaires étrangères, interpellé par M. Egerton sur la reprise de la persécution au Japon, répondit que le ministère avait été récemment instruit de l'enlèvement de soixante-dix chefs de famille chrétiens, mais qu'il n'avait reçu aucune espèce d'information tou-

chant des cruautés ou des massacres qui auraient été
commis.

Les 1er et 2 février, les soixante chefs de famille incarcérés en décembre 1874 avaient été rendus à la liberté.
Mais on avait lieu de croire que, vaincus par les souffrances, ils avaient apostasié.

On attribua leur délivrance aux réclamations des ministres européens (à l'exception du ministre d'Italie).

Le fait de l'apostasie de ces malheureux s'est confirmé.

Dans les premiers jours de mars, il parut un décret
du Micado rendant à leurs foyers ceux des chrétiens
arrêtés au mois de janvier 1870 qui avaient survécu
aux tortures de leur longue captivité. Ce décret, conçu
en termes ambigus, devait, d'après les explications du
gouvernement japonais, assurer la liberté sans condition
à tous les prisonniers.

Le 15 avril, ce décret n'était pas encore exécuté.

En réalité, ce décret n'accordait leur grâce qu'aux
seuls apostats. Un petit nombre seulement avait acheté
sa liberté de ce prix infâme.

Les ministres européens protestèrent de nouveau, mais
toujours en vain.

On écrivit d'Yokohama, le 23 avril, qu'un décret avait
paru pour abolir tous les autres décrets rendus précédemment contre les chrétiens.

Cette nouvelle était mensongère. Elle avait pour objet
d'assurer le succès de l'ambassade en cours d'opéra-
tion.

« Par la grâce de Dieu, » dit un missionnaire, « tous ceux qui
étaient revenus l'an dernier à Ozacca, et qui depuis lors sont en prison, demeurent fermes dans la foi et promettent de persévérer.

« Les femmes sont dans une prison et les hommes dans une autre.

« Les cadavres de ceux qui succombent sont jetés dans les fossés du château avec les mendiants, les suppliciés, et tous ceux qui n'ont pas droit à la sépulture.

« Les prisonnières avaient adopté un jeune mendiant de sept ans, elles le nourrirent. Vu leur insuffisance, le missionnaire se chargea de l'orphelin.

« J'ai vu D....., ajoute encore le pieux correspondant. Il est sorti de la prison de C.... pour venir se confesser. On l'a tenu cinq mois seul dans un cachot, et on l'y a laissé cinq jours sans nourriture. Il est très-affaibli, et la marche l'a mis dans un piteux état. Je voulais le garder au moins une nuit pour qu'il se reposât. — Non, me répondit-il, il faut que je retourne à C.....; il y a un baptême à faire, et personne ne sait la formule. Il est reparti aussitôt après s'être confessé, pour reprendre sa place dans la prison qu'il partage avec quatre autres chrétiens auxquels il a été dernièrement réuni. »

Le gouvernement japonais a décrété, dit-on, de promulguer une nouvelle forme de religion nationale d'après les principes Sinto. Tout le monde sera dans l'obligation de s'y conformer. La nouvelle religion doit être lumineuse, simple et adaptée au sens commun, et elle aura, selon toute apparence, l'approbation de toutes les classes.

Les principaux articles de la nouvelle doctrine sont :

Vous devez honorer les dieux et aimer votre patrie.

Vous devez comprendre clairement les principes du ciel et le devoir de l'homme.

Vous devez révérer l'Empereur comme votre souverain, et obéir aux ordres de sa cour.

On reconnaît ici l'influence antireligieuse et antisociale du protestantisme maçonnique, esclave d'un despote humain, et rebelle envers Dieu.

Cependant un traité américain venait d'être préparé dans ses principaux points : sa conclusion finale était ajournée jusqu'après le retour des ambassadeurs au Japon.

L'ambassade quitta Washington le 31 octobre 1872.

En Angleterre, M. Parkes travailla avec lord Granville pour la révision du traité anglais.

Le traité anglais est, dit-on, achevé.

Il s'agit, aujourd'hui que l'ambassade est en France, de préparer un traité digne de la France.

Les traités doivent émaner de Dieu : la loi divine qui régit le monde en doit être la base. Et si l'empereur du Japon prétend à l'alliance des nations européennes, il en doit respecter la foi religieuse, et il doit assurer à ses sujets chrétiens le libre exercice de leur religion.

Un fait mémorable se rattache au martyre, en 1634, du P. Antonio Vieyra, de la Compagnie de Jésus. En le citant, nous faisons des vœux pour que le Micado, qui règne de nos jours, soit informé de ce fait, et en apprécie la portée :

« Après avoir consulté l'empereur, on remit au Père du papier, de l'encre et des pinceaux ; et dans l'espace de quatorze heures, le vénérable missionaire traça l'abrégé des divins mystères, dans la langue et en caractères du Japon, et les transcrivit en portugais. Le Chôgoun, à qui cet écrit fut porté, l'ouvrit devant toute sa cour. Dans la lecture, il s'arrêtait par intervalles, entrant profondément dans le sens de l'œuvre, et s'en pénétrant ; et quand il en vint à un passage relatif à l'immortalité de l'âme, il s'écria : Ce bonze européen, qui exprime avec tant de sincérité la foi qu'il professe, est un homme véritablement saint ; et si ses paroles sont la vérité, malheur à nous !

« Dieu frappait alors à la porte de cette âme ; et si le Chôgoun se fût donné à lui, tout le Japon serait devenu chrétien.

« L'empereur était dans ce trouble extrême, quand Gindono, son oncle et son conseiller le plus écouté, s'écria : Doit-on donc s'arrêter à tous les délires d'un bonze étranger? La prédiction d'une religion contraire aux divinités nationales n'est-elle pas en elle-même un crime irrémissible et digne de la mort? — Le triste souverain, sacrifiant à ce conseiller pervers les sentiments de sa conscience, ordonna de conduire au supplice le vénérable prêtre et plusieurs autres confesseurs. »

Nous savons, par les documents précédemment cités, quelle a été la part du ministre Iwacoura dans les persécutions récentes. Avant d'être admis à discuter un traité, ce personnage doit nécessairement s'engager, en apportant des garanties solides, à faire interrompre sans retard l'œuvre abominable à laquelle il a coopéré.

L'accueil inouï fait par M. Thiers à Tchong Heou, l'ambassadeur chinois, dont les mains ne sont pas lavées du massacre de Tien tsin, ne doit point se renouveler : et l'assemblée française, non informée dans la précédente occasion, informée cette fois, ne le permettra pas.

Le seul traité possible avec le Japon doit être, nous le répétons, un traité conforme à la loi divine, et aux traditions de la civilisation chrétienne.

Laissons à d'autres peuples l'intérêt de pourvoir l'Extrême Orient de fusils, de munitions et d'engins de guerre, que l'on pourra, comme en Chine, diriger contre l'Europe. Le devoir de la France est tout autre ; elle doit, avant tout, protéger et défendre les intérêts de la religion, et n'admettre à son alliance que les peuples justes.

P. S. Le journal *les Missions catholiques,* dans son numéro du 3 janvier 1873, constate la continuité, qui n'a jamais été interrompue, de la persécution japonaise, malgré les protestations incessantes, et invariablement mensongères, des dignitaires japonais. Nous transcrivons la lettre adressée au journal :

Nos nouvelles du Japon vont jusqu'au 5 octobre 1872. Nous les tirons d'une lettre adressée à Mgr Petitjean, par M. Cousin, missionnaire à Ozacca :

« Malgré tout ce que le gouvernement a dit et promis, il ne paraît nullement disposé à élargir les chrétiens qui ne voudront pas apostasier.

« A Coga, il y a un mois, on a annoncé que tous ceux qui voudraient rentrer à Nagasaki n'avaient qu'à en faire la demande ; mais on savait que la condition essentielle était de signer de son sang la promesse de n'être plus chrétien. Une dizaine seulement ont eu la faiblesse d'apostasier, et ils ont été renvoyés sur-le-champ. On n'a rien dit aux autres. On prépare en ce moment une prison commune, d'où ils ne pourront sortir que pendant le jour, et en demandant une permission au chef des gardes dont l'habitation se construit au centre même de la prison. Ils ne pourront plus venir à Ozaca.

« Les chrétiens de Iamalo sont réunis à ceux de Fouronitchi, dans une enceinte gardée par des officiers. Parmi eux deux seulement ont apostasié ; ils ont été renvoyés à Nagasaki.

« A Iché, les mêmes mesures ont été prises. La condition de ceux qui restent est plus mauvaise que par le passé, et ils n'ont aucun espoir de revoir jamais leur pays.

« A Owari, on fait chaque soir l'appel des prisonniers ; ils ne peuvent plus même aller en ville faire leurs petites provisions, et par conséquent, leurs relations avec Ozaca sont à tout jamais rompues.

« Tout cela, Monseigneur, est fort triste, et vous pouvez, si vous le jugez à propos, détromper tous ceux qui ont cru trop vite à la sincérité des Japonais.

« A Kichou, rien n'est changé depuis longtemps ; mais, presque tous les jours, on fait comparaître les confesseurs de la foi pour les pousser à apostasier.

« Je tiens à ne rien exagérer. Je ne veux pas dire que l'on emploie, en ce moment-ci, les tortures pour forcer nos chrétiens à renier Dieu ; mais j'affirme qu'aucun des chrétiens avec qui j'ai des communications ne pense pouvoir obtenir de rentrer à Nagasaki autrement que par l'apostasie. C'est ce qu'il importe de constater après les promesses qui ont été faites..... »

Le dernier numéro du *Japan Mail* confirme une partie des renseignements de M. Cousin.

« Il n'est pas vrai, lisons-nous dans ce journal, qu'on ait publié au Japon un édit de tolérance en faveur du christianisme. L'attitude du gouvernement a sans doute considérablement changé ; mais il n'a encore été fait aucun pas en avant pour reconnaître la religion chrétienne par un édit du pouvoir royal. »

Paris. — Typographie Georges Chamerot, rue des Saints-Pères, 19.

www.ingramcontent.com/pod-product-compliance
Ingram Content Group UK Ltd.
Pitfield, Milton Keynes, MK11 3LW, UK
UKHW022114170726
13837UKWH00003B/1204